Verband deutscher Schriftstellerinnen und Schriftsteller Ostbayern (Hg.)

MÖRDERISCHES OSTBAYERN

Verbrecherische Gedanken und seltsame Todesfälle

SüdOst Verlag

Bibliografische Information der Deutschen Nationalbibliothek

Die Deutsche Nationalbibliothek verzeichnet diese Publikation in
der Deutschen Nationalbibliografie; detaillierte bibliografische
Daten sind im Internet über http://dnb.dnb.de abrufbar.
ISBN 978-3-95587-721-7

1. Auflage 2018
ISBN 978-3-95587-721-7
Alle Rechte vorbehalten!
© 2018 SüdOst Verlag in der Battenberg Gietl Verlag GmbH, Regenstauf
www.battenberg-gietl.de

Umschlagbild: Volodymyr Tochanenko und Carlos-Caetano (123RF.com)
Bilder im Innenteil:
    pixabay.com: Grafische Elemente; S. 23, 40, 50, 60, 66, 86, 108, 124, 184, 224, 234 ;
    123rf.com: oriontrail (grafische Elemente), Sorapop Udomsri (S. 75), Alexander Sorokopud (S. 214);
    wikicommons: Allexkoch (S.162), Ludwig Lanzinger (S. 170);
    S. 10: Hilde Artmeier; S. 28: Marie-Anne Ernst, S. 98: Hermann Kiesl, S. 118: Rolf Stemmle,
    S. 137: Mike Koop, S. 148: Gabriel Maier, S. 176: Thomas Schmid, S. 194: Nicolette Spelic,
    S. 204: Martin Stauder

INHALT

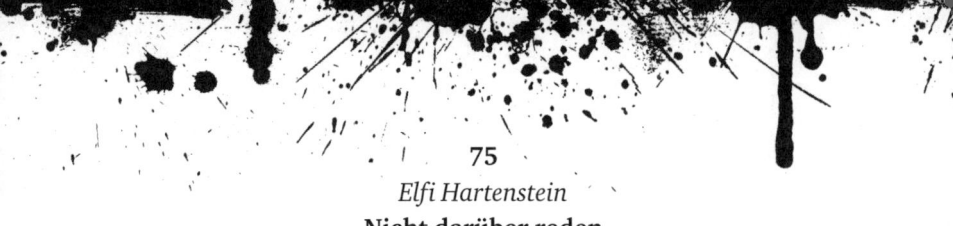

VORWORT

Der Begriff „Mord" wurde in der Rechtsgeschichte unterschiedlich definiert. Laut Strafgesetzbuch § 211 ist ein „Mörder", „wer aus Mordlust, zur Befriedigung des Geschlechtstriebs, aus Habgier oder sonst aus niedrigen Beweggründen, heimtückisch oder grausam oder mit gemeingefährlichen Mitteln oder um eine andere Straftat zu ermöglichen oder zu verdecken, einen Menschen tötet." „Mord" ist also ein bewusstes Handeln mit einer eindeutig erkennbaren Folge: einem toten Menschen.

Damit beschäftigt sich die Justiz. Autorinnen und Autoren können aber das Thema umfassender behandeln, denn es gibt ja auch Tötungsabsichten, die nie zur Ausführung kommen, Tötungen, die nicht als Mord erkennbar sind, Geschehnisse, in denen ein Mord verhindert wird, totbringende Unglücke, die so fahrlässig herbeigeführt werden, dass sie aus moralischer Sicht als Mord eingestuft werden müssen.

Der Schriftstellerverband Ostbayern hat beim Battenberg-Gietl-Verlag bereits zwei Anthologien veröffentlich: „Schauriges Ostbayern" und „Phantastisches Ostbayern". Die dritte Textsammlung beschäftigt sich mit dem „Mörderischen". Die Geschichten handeln also vom „klassischen Mord" und allem, was an Verbrecherischem „in der Luft liegt".

„Ostbayern", das zweite Titelwort, klingt hingegen nach Beschränkung. Aber nur auf den ersten Blick. Die Autorinnen und Autoren sowie sicherlich ein Großteil der LeserInnen wohnen in den Bezirken Niederbayern und Oberpfalz. Die Konzentration auf die heimatliche Region animierte die Schreibenden dazu, ungewöhnliche Orte zu Tatorten zu machen. Das „Mörderische" ereignet sich selbstverständlich in den dunklen Gassen der Städte, aber eben auch in unscheinbaren Wohnzimmern und Küchen, in Gaststätten, in Wäldern, auf Landstraßen.

Und genau dort entsetzt uns das Unfassbare am meisten. Die Leser kennen womöglich den Tatort, wären dem Opfer sicher bereits begegnet – vielleicht auch dem Mörder, sie spüren, dass sie im realen Leben jederzeit selbst zum Opfer eines mörderischen Geschehens werden können. Und womöglich sind sie schon einmal „nur knapp mit dem Schrecken davongekommen". Der unnatürliche Tod lauert überall – auch in Ostbayern. In der Fiktion dieser Geschichten, aber auch in der Wirklichkeit!

Für diese Anthologie hat der Schriftstellerverband Ostbayern einen Wettbewerb ausgeschrieben. Die Landshuter Autorin Karen Königsberger ging mit ihrer Geschichte „Beichte" als Gewinnerin hervor. Der Text „Riders on the storm" von Bernhard Falk hat die Jurymitglieder so beeindruckt und mitgerissen, dass er zusätzlich mit aufgenommen wurde.

Wir wünschen also spannende Lektüre. Und bleiben Sie von allem „Mörderischen" in Ostbayern verschont!

Julia Kathrin Knoll & Rolf Stemmle

Hilde Artmeier

SPIEGLEIN, SPIEGLEIN AN DER WAND

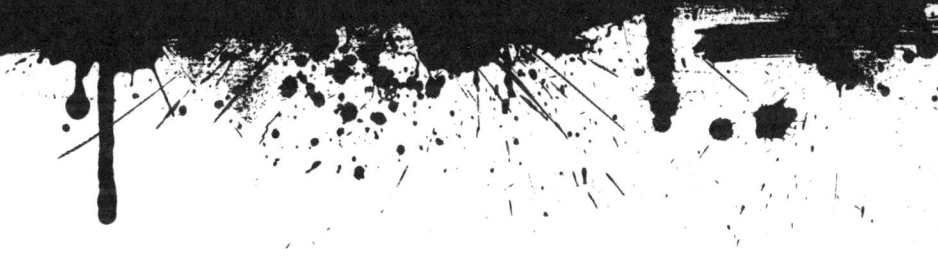

*I*rgendwann bringe ich dich um.
Tausendmal, nein, Millionen Mal hat Louise diesen Satz schon
gedacht. Doch wie soll sie ihn jemals in die Tat umsetzen?
Hilflos starrt sie auf das nur aus bunten Fäden und Glitzer beste-
hende Etwas, das Marie achtlos vor dem Bett hat fallen lassen. Noch
immer riecht das kurze, halb durchsichtige Kleidchen nach ihrem üp-
pigen Parfüm. Daneben liegen die Stilettos und ihre Spitzenunter-
wäsche, alles in schreiendem, unanständigem Rot.

Es ist so einfach, hört Louise Marie sagen, mit dieser verächtlich-
triumphierenden Stimme, die sie fast besser kennt als ihre eigene.
*Ein geiles Outfit, ein eindeutiger Blick, meine hübschen Pillchen, und
schon geht's ab …*

Louise will nicht wissen, wo Marie sich in der vergangenen Nacht
herumgetrieben hat, mit wem und wie vielen. Es hat sowieso keinen
Sinn, ihr ins Gewissen zu reden.

Wie immer nach ihren Exzessen hat sie auch heute wieder einmal Louise das Aufräumen überlassen. Sie bückt sich, stöhnend und mit steifen Gliedern, jeder Muskel schmerzt sie. Sorgsam stellt sie die High Heels in den Schrank, hebt das flimmrige Kleid auf. Als sie sich wieder aufrichtet, überfällt sie der altbekannte Schwindel.

Schwer atmend setzt sie sich aufs Bett, spürt die Übelkeit im Magen, auf die sie schon gewartet hat, und die Kälte durch ihren Körper kriechen. Sie wischt sich den Schweiß von der Stirn, vermeidet den Blick in den Spiegel, der übergroß an der gegenüberliegenden Wand hängt.

Schon als Kind hasste sie Spiegel, hatte Angst vor dem, was sie darin sah. Im Gegensatz zu Marie, die sich nie satt sehen konnte an ihrem eigenen Bild, sich drehte und wendete, die wilden kastanienroten Locken zu atemberaubenden Türmen drapierte und das anmutige Gesicht hinter lauten Farben versteckte.

Überall im Haus hängen Spiegel. Große und kleine, quadratische und runde, in goldenen Barockrahmen oder schmucklosen Fassungen, von schlichtem Ebenholz umgeben oder nur als glänzende Splitter an den Wänden verstreut. Jeder einzelne ist ein weiterer der unzähligen Streitpunkte zwischen Louise und Marie.

Dieses Mal ist der Schwindel besonders hartnäckig. Es dauert lange, bis er ganz verschwindet, sich auch der Schüttelfrost endlich legt. Aber Louise hat Geduld. Louise hat Zeit. Heute ist Sonntag, und wie immer gibt es nichts, das auf sie warten würde. Im Gegensatz zu Marie muss sie nicht ständig dem Leben hinterherjagen, das ihr schon vor langem entglitten ist.

„Darf es sonst noch was sein, Frau Berghofer?", fragt Marie liebenswürdig und tippt die drei Posten in die Kasse.

„Danke." Mit ihren krummen Gichtfingern fummelt die Alte aus der Poststraße einen Zwanziger aus dem abgeschabten Portemonnaie. „Bei Ihrem Umbau nächste Woche, da haben Sie aber schon geöffnet?"

„Aber natürlich, Frau Berghofer." Marie reicht ihr das Wechselgeld und steckt die Blisterpackungen in eine Papiertüte. „Anfang Dezember ist alles fertig."

„Das wird ein Radau werden, und der ganze Dreck." Missmutig packt die alte Hexe ihre Tüte. „Dieses Kleid, Frau König, steht Ihnen übrigens viel besser als das fade Braune neulich."

Lächelnd streicht Marie über das blütengelbe Designerkleid, das sie ein Vermögen gekostet hat und so gar nicht zum Novembergrau draußen passen will. Zu dem schlammbraunen Sack hatte sie natürlich Louise überredet. Louise hat Angst vor allem, was das Leben zu bieten hat. Nicht nur bei der Kleidung.

Die Alte humpelt zur Tür. Trotz Warteschlange begleitet Marie sie zuvorkommend, erkundigt sich nach ihrem Sohn, der es klug gemacht hat und aus dem miefigen Deggendorf weggezogen ist, und wünscht ihr einen schönen Montag. Schließlich ist Kundenbindung – neben einem hellen, modernen Verkaufsraum – das Wichtigste in ihrer Branche.

Zurück am Tresen nimmt Marie das Rezept des nächsten Kunden entgegen und zeigt der neuen PTA, in welchem der Holzschübe sie die Herzinsuffizienzpräparate findet. Als Marie die Schublade zudrückt, sie lässt sich nur mit einem hässlichen Quietschen schließen, sieht sie den neuen Laden fast schon vor sich. Dieser düstere, mit altem Plunder vollgestopfte Raum, den der Vater auch nach dem Tod der Mutter nie renovieren ließ, hat längst ausgedient. Und die Konkurrenz wächst mit jedem Tag. Allein schon rund um den Oberen Stadtplatz gibt es zu viele Apotheken. Demnächst soll auch hier in der Bräugasse noch eine eröffnet werden, nur wenige Meter entfernt.

Auch Louise wird sich daran gewöhnen, denkt Marie, während sie mechanisch Rezepte abstempelt und die Dosierung der Medikamente erklärt. Ebenso wie an alles Andere, was sich bald verändern wird. Verändern muss.

Lange hält sie die Enge hier nicht mehr aus. Besonders die in den Köpfen der Leute, ihren Blicken, ihren Worten. Und Louise empfindet es doch genauso. Irgendwann wird Marie sie überzeugen. So wie immer.

Schon als Kind siegte am Ende immer Marie. Dem Vater gefiel das nicht. Stets bevorzugte er Louise – die Kluge, so besonnen und ruhig, ein Vorbild – und spornte die kleine Marie damit zu immer noch übermütigeren Streichen an. Wenn sie dann wieder einmal zu laut und zu wild gewesen war, durfte sie natürlich erst recht nicht auf seinen Schoß. Im Gegensatz zu Louise natürlich. Der Schmerz saß so tief in Maries Fleisch, dass sie den Stachel irgendwann nicht mehr aus eigener Kraft herausziehen konnte.

Heute springt sie jedem Mann auf den Schoß, der ihr gefällt, und jeder liebt es, wenn sie laut und wild ist. Im Zweifelsfall helfen ihre kleinen Pillen nach. Sie liegen in dem bunten Döschen, ganz hinten in der stets verschlossenen Schublade, zu der nur sie den Schlüssel hat.

Auch Samstagnacht hatte sie ihre Traumbonbons dabei. Den beiden, mit denen sie in dieser geilen Techno-Bar in Regensburg vier Cocktails trank, schenkte sie je eine, die restlichen zwei schluckte sie selbst. Die Orgie danach war bombastisch.

Das Zeug wird dich noch umbringen, hört sie Louises vorwurfsvolle Stimme, *irgendwann bringst du dich damit um. Und mich dazu. Wie soll ich denn ohne dich leben?*

Von: hplank@bauen-plank.de
Datum: 05.11.2018 10:19
Re: Baubeginn am 12.11.2018, Objekt Bräugasse 32, 94469 Deggendorf
An: info@apotheke-koenig.de

Sehr geehrte Frau König,

nachfolgend zur Begehung am 29.10.18 bestätigen wir folgende zusätzliche Bauarbeiten beim o. a. Objekt:

Sanierung aller vorhandenen und Installation neuer Sanitäreinrichtungen, 1. + 2. OG

Installation sämtlicher Küchenanschlüsse im 2. OG

Erneuerung bzw. Austausch aller Fußbodenbeläge, 1. + 2. OG

Verputzen und Streichen sämtlicher Wände, 1. + 2. OG

Wir bedanken uns für Ihren Auftrag.

Mit freundlichen Grüßen

Helmut Plank
Bauen Plank GmbH, Deggendorf

Zitternd legt Louise die ausgedruckte Mail zurück in die Schublade des alten Sekretärs in der Bibliothek, starrt vor sich hin, sekundenlang. Nun hat Marie ihre Drohung also doch wahr gemacht.

Mit Tränen in den Augen lässt Louise ihre Finger über die fein gedrechselten Säulen des noch von Hand geschnitzten Sekretärs gleiten, spürt das glatte Nussbaumholz, die mit Perlmuttintarsien verzierte Schreibfläche. Das Möbelstück ist ein Werk ihres Urgroßvaters, einem Kunstschreiner. In diesem Haus zog er seinen Sohn groß, ihren Großvater, finanzierte ihm das Pharmazie-Studium in München, richtete ihm im Erdgeschoss die Apotheke ein, die dieser bis zu seinem Lebensende führte. Danach ging das Erbe an Louises Mutter, auch sie entschied sich für die Pharmazie. Louise beschloss schon als Kind, die Familientradition fortzusetzen. Auch sie ist Apothekerin, und wie die verstorbene Mutter wird auch sie für immer hier bleiben.

Abends saßen die Eltern oft in der Bibliothek. Die Mutter am Sekretär mit einem Stapel Rechnungen, der Vater im Ohrensessel vor dem offenen Kamin, den Blick auf den nachtdunklen Garten unten gerichtet, mit seinen knorrigen Eichen und dem einzigen Birnbaum. Noch heute hört Louise den Vater mit seiner tiefen, ruhigen Stimme sprechen. Wenn er ihr Geschichten aus dem großen Märchenbuch vorlas, wenn sie unterm Birnbaum Kräuter für die Apotheke sammelten.

An jenem Abend aber, als sie draußen an der Tür abwechselnd Ohr und Auge gegen das Schlüsselloch presste, im Nachthemd und mit nackten Füßen, und er auf die Mutter einredete, klang seine Stimme aufgebracht.

„Die Kleine hört nie zu. Und dabei hatte ich ihr am Morgen doch noch eingeschärft, dass sie den Hasenstall nicht öffnen darf. War doch klar, dass Max und Moritz bei der ersten Gelegenheit rausspringen."

Marie, dachte Louise, und ihr laut hämmerndes Herz beruhigte sich auf einen Schlag. *Sie reden von Marie.*

„Ausgerechnet dann muss der Lieferwagen vom Eberbach daherkommen ... Das viele Blut, mein Gott." Der Vater seufzte schwer.

„Und später hat sie Rotz und Wasser geheult, weil sie ihre Kuschelhasen nicht mehr zum Spielen hatte."

„Was soll's, die Viecher waren ohnehin schon zu alt zum Schlachten", sagte die Mutter nur und sortierte mit sparsamen Bewegungen ihre Unterlagen.

Der Vater aber machte ein bedrücktes Gesicht. „Manchmal denke ich, mit dem Kind stimmt was nicht, Barbara. Vielleicht sollten wir sie doch mal von Doktor Weber untersuchen lassen?"

Aber die Mutter wollte nichts davon wissen. Heute versteht Louise, warum. Die skeptischen Blicke der Kunden, ihre versteckten Andeutungen, das Gerede im Ort. Natürlich tratschen die Nachbarn darüber, wenn das Auto nachts wieder nicht vor dem Haus steht. Wenn Marie auf Beutefang ist.

Louise wankt zum Fenster, sieht hinunter in den von nur wenigen Lämpchen erhellten Garten, in dem schon lange keine Kräuter mehr wachsen. Auf dem toten Gras vor dem verdorrten Birnbaum liegen die ersten weißen Flocken. Novemberschnee. „Der erste Schnee", hat der Vater oft gesagt, „ist immer der schönste."

16

Sie will hier nicht weg. In jedem Winkel, in jeder Ecke lebt ihre Vergangenheit. Und das alte Haus hütet treu alle ihre Geheimnisse.

Louise wendet sich um, vermeidet dabei den Blick in den Wandspiegel, den Marie zwischen Tür und Sekretär gehängt hat, knipst das Licht aus und geht mit schleppenden Schritten zur Treppe. Der Notartermin morgen rückt unaufhaltsam näher. Vielleicht kann sie Marie diesen dummen, diesen absurden Plan doch noch ausreden.

Langsam steigt Louise die knarrenden Stufen in den zweiten Stock hinauf, hält sich an der Brüstung fest, die so breit ist, dass man wie vor fünfundzwanzig Jahren darauf hinunterrutschen könnte. Was für ein Spaß, was für ein Getöse, wie unbeschwert klang damals lautes Kinderlachen durch das riesige Haus. Jetzt ist alles still. Totenstill. Nur die Standuhr unten neben dem Kamin schlägt zwölfmal dumpf.

Sie denkt an die Zeit, als sie Daniel kennenlernte, ihre erste und einzige Liebe. Damals war ihr Leben voller Versprechen, Sehnsüchte, Träume. Als sie Marie von ihm erzählte, erntete sie nur höhnisches Gelächter. Aber dennoch weiß Louise, dass es den Himmel gibt. Schließlich hat sie ein Stück davon gesehen. Seither hat sie keine Angst mehr vorm Sterben.

Hoch erhobenen Haupts betritt Marie am nächsten Nachmittag das Notariat. Louise ist ihr gleichgültig. Soll sie sich im Auto verkriechen, soll sie dem Termin beiwohnen, völlig egal. Zwischen ihnen gibt es nichts mehr zu reden. Sie haben genug geredet.

Dass die alte Kiste viel zu groß ist, weißt du so gut wie ich, Louise, und mit den Eigentumswohnungen können wir das Penthouse doch viel besser finanzieren. Außerdem ist es einfacher, wenn wir den Umbau in einem Rutsch machen, nicht nur den Laden.

Aber, Marie, wo sollen wir denn wohnen?

In unserem neuen Penthouse in Regensburg, wo sonst?

Ich will aber nicht jeden Morgen zur Apotheke pendeln und abends wieder zurück – mindestens anderthalb Stunden auf der Autobahn …

Und ich will endlich mein Leben so leben, wie ich es will! Ich bin jung, ich will feiern, ich will ...
Du weißt doch, dass der Weber die Eigentumswohnungen nur mit dem Garten kauft, und dass das nicht geht. Wir können hier nicht weg, Marie.
Aber hier bleiben kommt erst recht nicht in Frage, ich gehe hier noch kaputt – Schluss jetzt!

Der Notar, ein smarter Mittvierziger im anthrazitfarbenen Zweireiher, begrüßt Marie mit wohlwollendem Blick und stellt ihr den Eigentümer des Penthouses vor. Alle setzen sich an einen großen, runden Tisch, der Notar nimmt den vorbereiteten Kaufvertrag zur Hand. Als er ihn vorzulesen beginnt, hat Marie Louise längst vergessen. Sie ist nur noch ein Schatten.

Was gibt's denn zu feiern, Louise?
Erstaunt betrachtet Marie den festlich gedeckten Ahorntisch im Speiseraum des alten Hauses. Große goldene Deko-Zapfen blitzen auf edlem Brokat, verheißungsvoll flackert der Schein von hundert Kerzen, dazwischen edles Porzellan und Silberbesteck.

Wortlos gießt Louise Champagner in den langstieligen Kristallkelch, den sie wie alles andere vorbereitet hat, legt das bunte Döschen daneben und setzt sich an ihren Platz gegenüber dem Spiegel. Riesig ist er, perfekt geschliffen, mit filigranen Blumenornamenten an den Rändern. Er nimmt die komplette Wand vor dem Esstisch ein. Wie immer vermeidet Louise es, ihr Spiegelbild zu betrachten.

Sag schon, was gibt's zu feiern?
Abschied, sagt Louise leise. *Abschied von diesem Haus.*
Hab ich dich endlich soweit? Marie lacht ihr helles, immer zu lautes, immer zu aufdringliches Lachen. *Du freust dich also doch auf die Freiheit in der Großstadt?*

Louise antwortet nicht. Mit bedächtigen Bewegungen klappt sie den Deckel des bunten Döschens hoch, nimmt eine mintfarbene Pille heraus, wirft sie ins Glas, kippt es in einem Zug hinunter.

Marie sieht ihr lächelnd zu, setzt sich vor dem Spiegel in Pose und streicht sich durchs Haar.

Louise schenkt schon wieder nach, greift erneut ins Döschen, auf dessen Deckel sich scharlachrote, in sich verschlungene Blätter ranken. Mit gesenktem Blick lässt sie die zweite Pille ins Glas fallen. Der Champagner zischt.

Abschied von der Liebe, die ich hier erleben durfte. Wieder trinkt Louise auf Ex. *Bevor du Daniel vertrieben hast. Mit deiner Unberechenbarkeit, deinen Eskapaden.*

Wieder lacht Marie, doch nun klingt es nicht mehr fröhlich. Daniel war ein Idiot. Wie Louise träumte er von der einen, der ewigen Liebe.

Noch immer sieht diese nicht in den Spiegel, während sie langsam die nächste Pille aus dem Döschen holt und auch diese ins Glas wirft. Sie füllt Champagner nach.

Abschied von all den Erinnerungen hier, flüstert sie, *den schönen und den schrecklichen.*

Mit gesenkten Lidern leert sie das dritte Glas, greift erneut nach dem Döschen.

Das reicht! In Maries Stimme schwingt Besorgnis mit. *Auf keinen Fall mehr, sonst wird's gefährlich.*

Ohne sie zu beachten, wirft Louise drei Pillen auf einmal ins Glas, gießt nach, hebt ansatzweise den Blick, senkt ihn sofort wieder.

Jetzt bist du dran, Marie. Nimm Abschied vom Birnbaum draußen. Vom Vater, der dort begraben liegt. Und von der Mutter, die zum Glück nie erfahren hat, wie er wirklich gestorben ist.

Louise hebt das Glas und endlich auch den Blick. Im Spiegel sieht sie nur ein Glas, nur ein Gedeck und diese zwei Frauen, die sie so gut kennt: Marie, die Schöne, Marie, die Wilde. Louise, die Stille, Louise, die Kluge.

Heute wird Louise die Stärkere sein. Heute wird endlich einmal Louise gewinnen.

Trink, Marie!

Maries Augen weiten sich. Sie spürt die alte Schuld, hört Vaters Todesröcheln, wie in jener Nacht, als sie ihm das Kissen auf Mund und Nase drückte. Die Mutter war ja schon lange tot, und den Nachbarn erzählte sie, er sei nun in diesem netten Heim in Regensburg. Wenn er sie doch nur akzeptiert hätte wie Louise. Wenn er doch auch der kleinen Marie seine Liebe geschenkt hätte.

Verzweifelt stöhnt sie, ihr Herz sticht und schmerzt, ihre Lippen schmecken plötzlich nach Salz. Wie lange soll sie diese Zerrissenheit noch aushalten?

Ihre Lider werden schwer, die Frauen dort im Spiegel gleiten ineinander, werden eins. Auch das Gold der Zapfen verschwimmt vor ihren Augen, die Kerzen flackern wie Irrlichter. Aber es ist nicht nur die Wirkung der Traumbonbons. Sie will keinen Kampf mehr. Sie sehnt sich nach Frieden.

Auf dass wir nie wieder getrennt werden, Louise. Für immer eins, Marie.

Wie eine Verdurstende stürzt sie das Glas hinunter. Sie lässt den Kopf auf den Tisch fallen, rappelt sich schwer atmend wieder hoch, schenkt nach, weiß nicht, wer nun die Regie übernommen hat, Marie oder Louise, wer den gesamten Inhalt des Döschens ins Glas kippt. Als sie es erneut an die Lippen führt und ihrem Spiegelbild zuprostet, muss sie weinen und lachen zugleich.

Marie-Louise war noch nie so schön und noch nie so klug wie in dieser letzten Novembernacht.

DAS FALLBEIL

E s war der 3. Juli 1924, als Alois Bäcker Johann Reichhart das
erste und letzte Mal begegnete. Alois war noch jung an Jahren
und noch nicht lange im Landgerichtsgefängnis in Landshut
tätig. Die Bewachung der Gefangenen war für ihn wie jede andere
Arbeit, die er in den letzten Jahren ausgeübt hatte.

Doch heute war er für eine andere Aufgabe eingeteilt worden. Er
sollte den neuen bayrischen Scharfrichter, der seit vier Monaten erst
im Amt war, am Bahnhof abholen und ihn zum Gefängnis bringen.

Alois war nervös, er hatte noch nie einen Nachrichter gesehen,
doch er wusste von anderen Gefängniswärtern, wie sie aussahen. Sie
trugen lange, schwarze Gehröcke und einen Zylinder auf dem Kopf.
Die Gehilfen des Mannes hingegen waren an schwarzen Anzügen zu
erkennen und schon heute Morgen angekommen. Sie warteten zusammen mit ihm auf den Henker.

Alois begann, an seinen Fingernägeln zu kauen, und sein Fuß
wippte nervös auf und ab. Der Zug fuhr ein, angekündigt von dem

schrillen Pfeifen des Schaffners, der am Bahnsteig auf und ab rannte.

Die Menschen auf den Sitzbänken standen augenblicklich auf und Alois' Nervosität hatte sich ins Unermessliche gesteigert.

Der Zug hielt an, die Türen wurden geöffnet und die Menschen strömten daraus hervor. Als der letzte Zuggast ausgestiegen war, sah Alois ihn. Und war überrascht. Johann Reichhart war ein großgewachsener, schlaksiger Mann. Ein gepflegter Schnurrbart zierte sein Gesicht und seine Augen huschten suchend umher.

Alois stand auf und begrüßte den Mann mit einem Handschlag.

„Johann Reichhart?", fragte er und sein Gegenüber nickte nur.

„Ich bin Alois Bäcker; ich soll Sie zum Gefängnis bringen."

„Gut", erwiderte Reichhart und zögerte kurz, „haben Sie einen Transporter dabei?"

„Ja, er steht draußen."

„Gut."

Reichhart hob die Hand, winkte seinen zwei Männern zu und gab ihnen Anweisungen, sie sollten die Kisten aus einem der hinteren Waggons des Zuges holen. Sofort eilten sie davon.

„Meine Gehilfen kennen Sie ja schon. Wissen Sie, wir dürfen offiziell nicht zusammen reisen, weswegen sie drei Stunden früher aufgebrochen sind als ich", redete der Scharfrichter und schenkte Alois ein kurzes Lächeln.

Alois erwiderte es zögernd. Er fühlte sich unwohl in seiner Gegenwart. Aber tat das nicht jeder? Immer noch war das Amt des Nachrichters verpönt und man hielt sich von ihnen fern.

Doch Alois hatte keine andere Wahl; er musste mit ihm Zeit verbringen.

„Schön. Dann gehen wir zum Wagen", antwortete er und aus den Augenwinkeln sah er, wie die Gehilfen die Kisten durch die Vorhalle des Bahnhofes nach draußen zu seinem Wagen trugen.

Als die Ladefläche voll war, schlugen sie die Klappe zu. Einer der Gehilfen trat an das Fenster des Wagens. „Wir sind fertig."

„Gut. Dann sehen wir uns später", erwiderte Reichhart und nickte den Männern zu.

Der Wagen fuhr ruckelnd los und mehr als einmal warf Alois einen nervösen Blick in den Rückspiegel. Er hoffte, dass die Kisten nicht umfielen.

„Was ist dort eigentlich drin?", wollte er von dem Mann wissen, um ein Gespräch in Gang zu bringen.

„Das Fallbeil", erklärte der knapp und Alois zuckte kurz zusammen.

„Oh ja ... richtig. Ich dachte, das würde mit Ihren Gehilfen angeliefert kommen."

„Nein. Ich muss mich selbst darum kümmern."

Erneut herrschte Schweigen zwischen ihnen und Alois entging nicht, wie aufmerksam der Mann neben ihm die Stadt musterte.

„Waren Sie schon mal in Landshut?", versuchte es der Gefängnisbeamte erneut.

„Ja. Aber das ist schon länger her", war die kurze Antwort und Alois seufzte auf.

„Wissen Sie, es ist das erste Mal für mich, dass ich die Guillotine an etwas Lebendigem ausführe. Ich habe die letzten Monate mit Puppen und sogar einer Leiche geübt", sagte der Scharfrichter plötzlich und Alois hätte vor Schreck beinahe vergessen zu bremsen.

„Das ist ... sehr informativ", stammelte er und richtete seinen Blick fest auf die Straße.

„Ich bin, ehrlich gesagt, etwas nervös vor morgen. Ich meine, ich wollte diesen Beruf ja nie ergreifen – welcher Nachrichter möchte das schon? Aber die Familie ... ich hatte keine andere Wahl. Mein Bruder hat den Hof bekommen und da blieb nur noch ich übrig. Mein Onkel war früher Scharfrichter in Bayern und da das Amt leider in der Familie bleibt, war ich derjenige, der in den sauren Apfel beißen musste."

Alois versuchte, seine Überraschung so gut wie möglich zu überspielen. Der Mann redete wie ein Wasserfall! Das hatte er nie erwartet. Er dachte immer, Henker seien wortkarge, unfreundliche Menschen, doch der hier schien das komplette Gegenteil zu sein.

Vielleicht lag es auch nur an der Nervosität, dass er so viel redete.

„Wir sind da", sagte der Gefängniswärter, als das graue Gebäude in Sichtweite kam. Vor dem gusseisernen Tor blieb er stehen, und der Mann in dem kleinen Häuschen daneben eilte hinaus und öffnete es. Die beiden Männer fuhren in den Vorhof und Alois Bäcker parkte direkt vor dem Eingang.

„So. Und was machen wir jetzt mit dem ... Fallbeil?", wollte er wissen und Johann Reichhart stieg aus.

„Meine Gehilfen müssten jeden Moment kommen; dann werden wir sie aufbauen. Wo ist der Raum für die Hinrichtung?"

„Kommen Sie bitte mit."

Alois ging voraus und Reichhart folgte ihm. Sie betraten das Gefängnis, bogen jedoch gleich in die nächste Tür ein und fanden sich in einem kleinen quadratisch eingemauerten Bereich wieder. Es gab kein Dach, weswegen sie den Launen des Wetters ausgeliefert waren, aber Reichhart sagte, dass das nichts machte.

Es dauerte keine halbe Stunde und die Männer von vorhin stießen zu ihnen. Sie trugen die Kisten herein und der Scharfrichter beobachtete sie dabei aufmerksam.

Alois trat von einem Fuß auf den anderen. Am liebsten wäre er gegangen, doch er ahnte, dass das unhöflich war. Also blieb er solange stehen, bis Reichhart ihn entließ.

Er beobachtete die beiden Männer, wie sie die Guillotine aufbauten. Es war ein Monstrum an Gerät und er war verwundert, aus wie vielen Einzelteilen es bestand.

Die Guillotine bestand aus mehreren Querbalken, die man ineinanderschob. Dann wurde die Bank angebracht, an dem der Unglückliche festgeschnallt wurde, und Alois riss die Augen auf, als er die unzähligen Messer sah, die in einer anderen Kiste lagerten.

Reichhart ging zu der Kiste und sah sich die Messer einzeln an.

„Das da", sagte er knapp, „aber ich sehe mir heute Abend nochmal die Gefangenen an. Dann kann ich genau bestimmen, welches besser geeignet ist."

Der Gefängniswärter nickte nur monoton und die Übelkeit in ihm war kaum noch zu kontrollieren. Seine Magensäure kochte und er unterdrückte einen Rülpser.

„Gut. Testen wir sie? Wir haben das zwar schon in Stadelheim gemacht, aber sicher ist sicher", sagte der Henker und sah dabei Bäcker an. Der brauchte einige Sekunden, bis er realisierte, was der Mann von ihm wollte.

„Ähm ...", stotterte er nur und warf den beiden Gehilfen einen flehenden Blick zu.

„Ein Kopfsalat aus der Küche würde schon reichen", sagte einer von ihnen und Alois ließ sich das nicht zweimal sagen. Er rannte regelrecht in die Küche und holte das Gewünschte.

Er übergab es einem der Gehilfen und dieser legte das Gemüse in das vorgesehene Loch, wo eigentlich der Kopf hingehörte.

Einer der Männer schloss das Holz darüber und die Übelkeit kehrte in Alois zurück. Reichhart ging zu dem Hebel, mit dem man das Messer nach unten fallen ließ, und betätigte ihn. Das Messer sauste hinab und teilte den Salat in zwei Hälften.

Bäcker konnte nicht länger an sich halten. Er übergab sich in eine Ecke des kleinen Hofes und die drei Männer sahen ihn angewidert an.

„Sie werden aber morgen nicht dabei sein, oder?", fragte Reichhart und Alois schüttelte den Kopf.

„Nein", würgte er hervor und wischte mit seinem Ärmel über den Mund.

„Zeigen Sie mir bitte die Gefangenen?", fragte der Scharfrichter ihn, nachdem er das Messer aus der Halterung entfernt und gesäubert hatte. Dann legte er es zurück in die Kiste und verschloss sie wieder.

„Ja ...", brachte Bäcker hervor und gab dem Mann mit einem Wink zu verstehen, ihm zu folgen.

Und dabei fasste Alois einen Entschluss: Er würde sofort morgen früh seine Kündigung einreichen. Der Beruf des Gefängniswärters war eindeutig nichts für ihn.

Quelle: „Tod durch das Fallbeil" von Johann Dachs, ISBN 978-3-934863-84-2, MZ Buchverlag, 2. durchgesehene Auflage 2012. Die Figur des Alois Bäcker, die Begegnung mit dem Scharfrichter und der Test des Fallbeiles sind fiktiv, aber die Geschichte könnte sich auch so zugetragen haben.

Marie-Anne Ernst

DER FLUCH
DER KELTENFRAU

Smeruna kauerte an der Herdstelle und ließ eine Kette aus gelben Glasperlen durch ihre Finger gleiten. Im Schein des Feuers erstrahlten die blau-weißen Kreise im Innern der Kugeln.

„Für dich", hatte Edan gestern gesagt und ihr verschmitzt lächelnd die Kette in die Hand gedrückt. Gestern. Da war es ihr noch einleuchtend erschienen, mit dem jungen Händler auf und davon zu gehen. Jetzt hatte sie bei dieser Vorstellung jedoch ein mulmiges Gefühl im Magen. Aber sie konnte auch nicht einfach daheim bleiben und den gefühllosen Kerl heiraten, den ihr Vater für sie ausgesucht hatte.

„Hauptsache, er hat seine Erbfolge gesichert", schnaubte sie verächtlich. Mit der Wut und der Verachtung, die sie für ihren Vater empfand, kehrte ihre Entschlossenheit zurück.

„Es wird Zeit."

Eine alte Frau kam ans Feuer und streichelte der jungen Frau aufmunternd über die Wange.

„Deinem Vater wird sicher noch ein anderer Weg einfallen, um seinen Bastard zum Erben zu machen. Ziehe du nur mit dem hübschen Händler fort und lass dich ja nicht von deiner Sippe erwischen, wenn ihr im nächsten Herbst wieder den Regen herabgefahren kommt."

Die Mehtera schob das Mädchen aus der Tür ihrer Kate und blickte verstohlen zu dem hohen Wall des Dorfes hinüber, hinter dessen dicken Mauern sich der Herr über das Regental mit Nachfolgesorgen plagte.

Die junge Frau schwang sich den Sack mit ihren Habseligkeiten über die Schulter und verbeugte sich ehrfürchtig vor der Dorfältesten.

„Danke, Mehtera."

Dann wandte sie sich ab und eilte ohne einen Blick zurück den Hügel abwärts. Bald schon verlangsamte sich ihr Schritt, denn sie musste sich an den Wegmarken orientieren, um an der richtigen Stelle auf das Flussufer zu treffen. Zwischen den Bäumen blitzte es verheißungsvoll auf. Immer deutlicher schälte sich aus dem lichter werdenden Wald die im Mondlicht sanft glitzernde Oberfläche des Flusses heraus. Smeruna lief unwillkürlich schneller, konnte es kaum noch erwarten, mit Edan, dem Händlerjungen, den sie seit Kindertagen kannte, ein neues Leben zu beginnen. Vor ihr lag nun eine langgezogene Wasserschleife. Das musste der Altwasserarm sein, an dem Edan sie erwarten würde. Auf der Insel dahinter befand sich das Lager der Händler und tatsächlich konnte sie jetzt sogar vereinzelt flackernde Feuerstellen ausmachen. Smeruna stieß einen leisen Freudenschrei aus und sprang leichtfüßig den Abhang hinab. Ihr Beutel hopste im Rhythmus der Sprünge wie wild auf ihrem Rücken auf und ab, aber ihren wertvollsten Besitz hielt sie in den Händen, die sie fest an die Brust drückte. Ihre Aufmerksamkeit war so sehr auf das weite Flusstal zu ihren Füßen gerichtet, dass sie die Schatten hinter sich nicht bemerkte …

***

Man hatte den Baustopp aufgehoben. Das Brummen des Baggermotors wurde lauter, als sich die Schaufel tief in den Boden fraß und ihm einen gewaltigen Brocken Muttererde entriss. Der Gestank nach Abgasen und Motoröl lastete über der Baustelle. An diesem ersten Arbeitstag tat jeder seine Arbeit mit besonderer Sorgfalt und Konzentration, denn allen steckte der Schock noch in den Knochen. Eine Woche war es jetzt her …

Auch Max saß wieder in der Baggerkabine und blickte sich nach allen Seiten gründlich um, bevor er seine Maschine drehte und die Erde im bereitstehenden Kipplaster ablud. Er spürte, wie es in seinem Bauch unheilvoll blubberte und gurgelte. Kaffee stieg ihm gallig die Speiseröhre hoch, aber er presste die Lippen zusammen und zerquetschte die erloschene Zigarettenkippe im Mundwinkel.

„Schlecht schaust aus", hatte vorhin bereits der Polier festgestellt, aber er hatte keine Anstalten gemacht, Max daran zu hindern, in die Baugrube hinabzusteigen. Seit einer Woche stand dort der Bagger bereit, um die Unterführung fertigzustellen. Die Baustelle war hoffnungslos im Verzug und sie durften sich keine weiteren Verzögerungen erlauben. Vor sieben Tagen hatte es jedoch den Hintermeier Horst erwischt – vom eigenen Kipper überrollt. Max schauderte es noch immer bei der Erinnerung an den Unfall.

Es war kurz vor Feierabend gewesen. Der Horst war hinter seinen Laster getreten und hatte mit gestrecktem Zeige- und Mittelfinger vor seinem Mund herumgewedelt. Zigarettenpause.

„Alter Schnorrer", hatte sich Max noch gedacht, während er von seinem Bagger kletterte. Aber da war plötzlich der Kipper losgerollt und hatte den Horst mitgerissen. Angeblich soll die Feststellbremse nur halb angezogen gewesen sein, berichtete der Polier. Diese Information hatte er direkt von der Staatsanwaltschaft. Dabei war der Horst doch so ein geübter und besonnener Fahrer gewesen. Max war dieser Vorfall unbegreiflich. Seine wulstigen Finger zitterten an den Bedienhebeln, als er die Schaufel wieder in die Erde versenkte.

Doch die Bilder des Unglückstages ließen sich nicht unterdrücken und erschienen ihm immer wieder im Gedächtnis. Seine angestrengte Konzentration ließ nach. Ohne wirklich hinzusehen, grub er mit seiner Schaufel immer tiefer in das Loch, das eine Unterführung werden sollte. In der Grube begann sich eine dunkle Verfärbung im Erdreich abzuzeichnen, aber Max hatte immer nur das erschrockene Gesicht vom Horst vor sich, als ihn der Laster plötzlich rammte. Kurz horchte Max auf, als er mit der Baggerschaufel über einige unerwartete Steine im ansonsten lehmigen Sediment schrammte, aber der Baggerarm und die Grube verschwammen ihm vor den Augen. Er schüttelte den Kopf und überließ die Arbeit wieder seinem inneren Autopiloten. Unbemerkt grub sich die Stahlschaufel in bleiche, lange Knochen, die im Dröhnen des Baggers ungehört zersplitterten. Ein Schädel kullerte beim Entleeren auf dem bereitstehenden Kipper gegen die Bordwand und grinste grimmig in den blauen Herbsthimmel, bis sich eine weitere Ladung Erde über ihn ergoss.

Unvermittelt jagte Max ein kalter Schauder über den Rücken und sein Magen rebellierte. Er schaffte es gerade noch, sich aus dem Führerhaus zu beugen und sein Frühstück auf den Kettenantrieb unter ihm zu kotzen. Der Schweiß stand ihm auf der Stirn. Er stieg ab und wankte auf unsicheren Beinen in Richtung Regen. Jetzt brauchte er unbedingt erst einmal frische Luft.

„So ein Arbeitsunfall passiert eben immer wieder einmal. Aber früher hab ich das irgendwie leichter weggesteckt", dachte er müde. In einiger Entfernung setzte sich Max kurzatmig auf einen der Erdhügel, die von den Rodungsarbeiten noch übrig geblieben waren. Dabei hatte es auch schon einen erwischt: ein morscher Baum war beim Fällen abgeknickt und die umherfliegenden Holzsplitter hatten den Arbeiter so unglücklich zwischen Schutzweste und Gesichtsschutz am Hals getroffen, dass er an Ort und Stelle verblutet war.

Vor seinen Augen nahm der Baustellenbetrieb Fahrt auf. Die Verlegung des Straßenverlaufs der B85 hinter Cham stand unter enormen Zeitdruck. Die Asphaltierungsarbeiten waren schon fast fertig, was den Unmut über die Komplettsperrung der Bundesstraße bei den Autofahrern und den Anwohnern im Bereich der Umleitung scheinbar nur noch steigerte. Fast täglich kam es zu kleineren Unfällen. Vor allem Auswärtige verirrten sich trotz Sperrbalken regelmäßig auf die noch nicht freigegebene Strecke, weil sie ihrem Navi mehr glaubten als den eigenen Augen. Aber die Unterführung bei Hörwalting musste noch fertig ausgebaggert werden und die ganzen Restarbeiten standen noch an, die die neue Strecke erst verkehrstauglich machen würden.

„Die Ostmarkstraße, die ist verflucht, des sag i dir, Bub", hörte Max mit einem Mal im Geist die Stimme seines Großvaters. Wie lange hatte er schon nicht mehr an den alten Mann gedacht? Zehn Jahre lag er nun bestimmt schon auf dem Friedhof, drüben in Hörwalting. Ob er ihm vielleicht deshalb jetzt in den Sinn kam? Jedenfalls hatte der Großvater ständig gegen die Bundesstraße gewettert, die in Sichtweite an seinem Hof vorbeiführte.

„Ab 1932 war's. Da habens' bereits mit dem Bauen angefangen. Schon damals sinds' bei diesem Unternehmen gestorben wie die Fliegen. Waren halt Strafgefangene, deswegen hat sich keiner drum g'schert. Aber schau dir nur die ganzen Unfälle heutzutage an. Einer nach dem anderen derstößt sich dabei. Des hat keinen Taug mit der Straß'."

Damals hatte Max nur gelangweilt abgewunken, wenn der Opa wieder über die Bundesstraße geschimpft hatte, aber im Moment kam ihm dessen Schwarzmalerei gar nicht mehr so verkehrt vor.

***

Irgendwann fiel es Smeruna dann doch auf. Raschelndes Laub, das nicht von ihren Füßen aufgewühlt wurde, knackende Äste, die unter schwereren Schritten als den ihren brachen. Sie wurde verfolgt! Hatte man ihr Verschwinden schon bemerkt? Hatte die Mehtera, die weise Alte ihrer Sippe, sie verraten? Schweiß brach ihr aus allen Poren. Sie löste eine Hand von ihrem Schmuck und raffte ihren langen Rock hoch, um schneller laufen zu können. Plötzlich sprang eine Gestalt aus dem Dunkeln hervor und schnitt ihr den Weg ab.

„Wo willst du hin?"

„Du?"

Die junge Frau schnappte nach Luft, aber dann siegte ihr Zorn.

„Ich habe keine Lust, einen Heuchler wie dich zu heiraten, nur um meinem Vater einen Erben zu sichern!"

„Halt dein verfluchtes Maul, Weib", brüllte ihr Verfolger sie an. Während seine Helfer hämisch lachend herankamen, ohrfeigte er sie.

„Glaubst du, ich habe nicht bemerkt, wie du im letzten Jahr dem Händlerburschen schöne Augen gemacht hast? Und jetzt willst du dich wohl mit ihm davonmachen?"

Smeruna rappelte sich auf.

„Ich soll dich ja nur heiraten", schrie sie, „damit mein Vater den Sohn deiner ersten Frau als Sohn annehmen kann. Schließlich weiß doch jeder, dass er nicht von dir …"

Wieder schlug er zu. Diesmal mit der Faust in den Magen. Smeruna sackte zusammen, aber wurde von den anderen Männern sofort wieder in die Höhe gerissen.

„Was hast du denn da", zischte ihr verschmähter Bräutigam plötzlich und bog ihr brutal die Finger auseinander. Verzweifelt wehrte sie sich gegen den unbarmherzigen Griff. Es gelang ihr, einen Finger in der Kette zu verhaken, aber er zog einfach weiter. Die Schnur riss und die Perlen flogen in alle Richtungen davon.

„Nein!"

Smerunas Schrei gellte über den bewaldeten Hang und wurde von weiter unten wie ein Echo erwidert. Edan hatte ihr langsam entgegengehen wollen, doch nun eilte er bergauf und stürzte sich wie rasend auf die Männer des Dorfes, die gekommen waren, um sie zurückzuholen. Smeruna wurde losgelassen und bemerkte, dass die Männer zu den Waffen am Gürtel griffen.

„Pass auf", schrie sie, aber dann traf sie wie aus dem Nichts ein Fausthieb am Kopf und sie wurde bewusstlos.

Max fühlte, dass der Boden, auf dem er saß, trotz der frühen Stunde von der Sonneneinstrahlung schon angenehm erwärmt worden war. Er wühlte mit einer Hand im Erdhaufen herum und sinnierte noch immer über die Spinnereien seines Opas, als ihm ein besonderer Brocken zwischen die Finger kam. Er versuchte, ihn zu zerdrücken und ließ die Krümel durch die Finger rinnen, bis er ein kugeliges und seltsam glattes Steinchen spürte. Neugierig wischte er es sauber. Gelb blitzte es unter dem Dreck auf, dazu ein Muster in blau und weiß. Eine Perle. Sehr hübsch. Aber seiner Alten brauchte er diesen Fund nicht zu bringen. Er würde ja doch nur im Mülleimer landen.

Ein plötzlicher Knall schreckte Max aus seinen Gedanken auf. Metall kreischte, Glas splitterte und er beobachtete, wie ein Auto über das unbefestigte Bankett der neuen Straße schleuderte, auf der steilen Böschung ins Kippen geriet und sich auf dem Weg nach unten einmal überschlug. Er sprang auf und lief vor Anstrengung keuchend zu dem Unglückswagen, der unweit seines Baggers auf dem Dach zum Liegen gekommen war. Dort blieb er wie angewurzelt stehen. Die Karosserie des Wagens war komplett verbeult, aber der Rahmen schien noch intakt zu sein. Der Airbag war aufgegangen und bauschte sich im Wageninneren auf wie eine Blume – eine weiße Blume mit verdächtigen roten Sprenkeln.

„Der Depp ist einfach durch die Absperrung gefahren!"

„Ich hab ihn echt nicht kommen sehen!"

„Jetzt kommt's halt schon, helft's dem Max!"

Im einsetzenden Geschrei seiner Arbeitskollegen, die über die steile Böschung nach unten rutschten, war auch Max losgelaufen. Er zerrte wie ein Verrückter an der verklemmten Fahrertür.

„Max! Max! Lass es gut sein; da kann man nicht mehr helfen!"

Er fühlte, wie ihn seine Kollegen von dem Unfallwagen wegzerrten und ihm beruhigend auf die Schulter klopften. Als er sich wieder einigermaßen gefasst hatte, erkannte er, was seine Kollegen schon vor ihm bemerkt hatten: der Kopf des Fahrers war blutüberströmt und in einem unnatürlichen Winkel zur Seite geneigt. Da kam jede Hilfe zu spät.

Resigniert wandte er sich ab und kehrte zu seinem Erdhaufen zurück, wo er sich eine Zigarette anzündete. Jetzt würde der ganze Zirkus wieder von vorne losgehen: Feuerwehr, Krankenwagen, Polizei, endlose Befragungen. Sogar einen Notfallseelsorger aus dem nahen Cham karrten sie diesmal an. Max aber nahm dessen Dienste nicht in Anspruch, sondern kehrte ans Regenufer zurück und starrte auf das langsam fließende Wasser. Als er wieder nach seiner Zigarettenpackung in der Hosentasche griff, spürte er daneben etwas Rundes, Hartes. Er erinnerte sich nicht daran, die Perle eingesteckt zu haben, aber da lag sie nun in seiner Handfläche: gelb, mit blau-weißen Spiralen. Max holte aus und warf sie in hohem Bogen ins Wasser. Dann brach er zusammen.

***

Smeruna spürte, wie sich jemand an ihr zu schaffen machte, und fuhr hoch.

„Nicht bewegen. Du hast eine Wunde am Kopf. Du willst doch nicht, dass sie wieder aufplatzt."

Eine unbekannte Frau drückte sie zurück auf ein improvisiertes Lager neben einer Feuerstelle. Smeruna blickte in das graue Zwielicht eines frühen Morgens.

„Wo bin … was ist …"

Da fiel es ihr wieder ein.

„Wo ist Edan?"

Sie rappelte sich auf. Diesmal ließ die Unbekannte sie gewähren.

„Sie gehen ihn gerade holen", erwiderte sie sachlich.

Smeruna blickte sich um. Sie befand sich im Lager der Händler beziehungsweise dem, was davon noch übrig war. Die Zelte waren bereits abgebrochen und fast schon komplett in den Booten verstaut, mit denen die Händlersippe auf ihrer Route regenabwärts reiste. Im allgemeinen Gewusel des Aufbruchs fielen ihr jedoch einige Männer auf, die Steinbrocken vom Flussufer herauf zu einer Baumgruppe schleppten. Dort waren zwei andere damit beschäftigt, eine Grube auszuheben.

Smeruna zog es das Herz zusammen. Das war bestimmt keine Abfallgrube.

„Wo ist Edan?", fragte sie erneut, nun mit schriller Stimme, aber da entdeckte sie ihn schon. Zwei Männer, die vermutlich seine Brüder waren, trugen ihn auf einer improvisierten Bahre an ihr vorbei und steuerten auf die Baumgruppe mit der Grube zu, Edans Grab.

Als Smeruna endlich wieder einen klaren Gedanken fassen konnte, saß sie in einem der Boote, die sich von der Strömung flussabwärts treiben ließen. An die Stunden zuvor konnte sie sich nur mehr bruchstückhaft erinnern. Sie musste geweint und geschrien haben, denn ihre Augen fühlten sich verquollen und ihr Hals rau an. Lediglich eine Szene hatte sie deutlich vor Augen: wie sie an Edans offenem Grab gestanden hatte und die Hälfte ihrer Perlen – jemand musste die Teile der zerrissenen Kette für sie eingesammelt haben – einzeln zu ihm ins Grab kullern ließ. Und jede einzelne dieser Perlen belegte sie mit einem tödlichen Fluch, der jeden treffen sollte, der es wagte, die Ruhestätte ihres Verlobten zu stören.

**

Max blinzelte benommen in ein diffuses Licht. Ein angenehmes Brummen und Schaukeln lullte ihn ein. Er wollte sich gerne der Müdigkeit ergeben, aber eine kühle Hand klopfte ihm hartnäckig auf die Wange. Widerstrebend machte er die Augen auf.

„Da sind Sie ja wieder", bemerkte eine sonore Stimme zufrieden, „Sie hatten einen Herzinfarkt. Wir bringen Sie nach Cham ins Krankenhaus."

Max nickte ergeben und schloss die Augen wieder. Das Brummen des Motors veränderte sich, wurde zum Summen einer seltsam altertümlichen Melodie, zum Murmeln eines Windhauchs, der in den Ästen spielte. Er sah sich selbst plötzlich wieder am Regenufer stehen und eine junge Frau trat zwischen den Bäumen hervor. Sie trug ein braunes, sackartiges Gewand, auf dem sich eine Kette aus gelben Perlen mit blau-weißen Kreisaugen deutlich abhob. Braune Augen fixierten ihn. Mörderische Wut blitzte darin auf. Max gab es einen neuerlichen Stich ins Herz. Er wollte zurückweichen, davonlaufen, aber …

„Hiergeblieben", sagte eine ferne Stimme.

Bernhard Falk

RIDERS ON THE STORM

Wie immer schläft er ein, sobald er sich in den Wagen setzt. Eigentlich ist er gar nicht richtig aufgewacht. Er kramt seine Sachen zusammen und schlüpft in die Uniform, die er am Abend einfach auf den Boden geschmissen hat. Alles mit halboffenen Augen. Für ein Frühstück ist keine Zeit mehr. Nicht einmal für eine Henkersmahlzeit an seinem letzten Tag, aber das weiß er ja nicht. Und dass er es nicht weiß, ist sein Glück, und seine Schläfrigkeit ebenso, weil er dadurch fast übergangslos hinübergleitet und vielleicht einen harten Aufprall spürt, aber nicht einmal das ist gewiss.

Vor der Tür zieht ihm die frühherbstliche Morgenluft in die Nase und macht ihn wacher, als ihm lieb ist. Aber der Wagen, der ihn abholt, biegt schon um die Ecke, der alte Kadett in Himmelblau, aus dessen halboffenen Fenstern Rauchschwaden aufsteigen. Rauchen, ja rauchen. Dafür ist diese Fahrt da. Zu irgendetwas muss die allmorgendliche Route in die Kaserne ja gut sein. Noch zwei Monate, zwei

Monate noch Dienst, dann ist es vorbei. Mit diesem guten Gefühl, dass ihn der Bund die längste Zeit gesehen hat, lässt er sich in den Wagen fallen, immer hinten links, das ist sein Platz, und dann will er gleich rauchen. Selbstgedreht natürlich, und sich quasi in den Schlaf rauchen, was in der zum Schneiden dicken Luft nicht schwierig ist, die auch ohne Zigarette in der Hand die Sinne benebelt. Es wird kaum gesprochen. Der Fahrer bringt ein lässiges „Hey" heraus, das er mit einem ebenso entspannten „Moin" quittiert, und dann hebt er die Hand dem Beifahrer und dem zweiten Hintermann zum Gruß entgegen. Die kennen das Ritual schon und klatschen in seine Hand. „Was ist heute, ohne Musik?", wird von hinten gefragt und der Fahrer kramt in den Kassetten in der Mittelkonsole und fischt den Song heraus, den sie seit zwölf Monaten auf der Fahrt immer und immer wieder hören in einer Endlosschleife, weil sie sich fühlen, wie Reiter im Sturm, wie *„riders on the storm"*, und die Fahrt beginnt mit diesem wohligen Regenrauschen, in das sie sich jetzt einfach fallen lassen. Und dann, der pulsierende Bass. Den brummt der Beifahrer in den Zigarettendunst, während die hinteren Mitfahrer das nach unten purzelnde Motiv des E-Pianos mit den Fingern in die Luft klimpern und ihr Spiel mit einem verrauchten Morgenfalsett begleiten. Aus dem Augenwinkel zwinkern sie sich zu. Es ist jeden Morgen gleich, und in zwanzig Jahren, wenn sie es erleben würden, hätten sie ihren Kindern etwas zu erzählen gehabt von den gemeinsamen Fahrten in die Kaserne, von dem Freiheitsgefühl, das aufkam, sobald sie Morrison singen hörten *„into this world we're thrown"*, ja, genau so fühlen sie sich, in die Welt geworfen, und Morrison legt eine Schicksalsergebenheit in die Melodie und eine Gelassenheit gleichzeitig, die ihnen ungemein imponiert, und deshalb ist das ihr Song. Als wenn sie wüssten, dass der *„killer on the road"* auf ihrer Strecke lauert. Und so singen sie diese Passage gemeinsam, wie sie es auch immer tun, und denken nicht daran, dass sie heute das Ziel sein könnten, denn sie glauben noch an ein ewiges Leben, daran, dass so eine Fahrt in der verrauchten Kiste endlos dauern könnte, über die Kaserne hinaus immer bis zum nächsten Horizont und dann weiter. Daran denkt vor allem der Beifahrer gerade, wie beengt und klein, ja, kleingeistig ihre Welt doch ist, in die sie, ohne gefragt worden zu sein, geworfen wurden. Man müsste nach der Kaserne einfach weiterfahren, immer weiter. Und er fühlt sich in seinen Gedanken den Mitfahrern noch mehr verbunden als sonst, noch eingeschworener und exklusiv empfindet er ihre Gemeinschaft. Gleich wird sie nämlich der Oberfeldwebel mit dem verächtlichen Blick, mit dem er alle Abiturienten von oben herab anschaut, in seine kleinkarierte Welt hineinholen. „Aha, da sind sie ja wieder, meine zukünftigen Führungseliten. Ich hoffe, ihr hattet eine gute Nacht. So wie ich." Und mit einem unübersehbaren Zucken in der Hüfte, das er mit einem Pfiff durch die geschürzten Lippen begleitet, wird er zu verstehen geben, wie er das meint. Dass er in der Nacht seine *Alte*, wie er zu sagen pflegt, wieder ordentlich rangenommen hat.

Im Autositz zusammengekauert lacht er bei dem Gedanken an den Oberfeld aber in sich hinein, weil er ein Mädchen aus dem Dorf des Oberfeld kennengelernt hat. Allen bekannt sei es, hat sie ihm erzählt, dass die Frau Oberfeld, sobald ihr Mann aus dem Haus ist, mit einem anderen vögelt, und zwar in ihrem Haus, und zwar, wie das Mädchen, das ihm schöne Augen gemacht hat und mit der Geschichte bei ihm punkten wollte, versichert, auf dem Küchentisch oder auch darunter oder daneben. Sie habe es selbst mit eigenen Augen gesehen, dass der, der im Dorf kaum Beachtung findet, weil er so unscheinbar und still ist, sich in die Arschbacken der Oberfeld krallt und ihr Lustschreie entlockt, die man weit ins Dorf hinein hört. Und wenn nur die Hälfte der Geschichte wahr ist und das Gestöhne der Frau Oberfeldwebel in ihrer heimlichen Befriedigung nur halb so laut ist, wie es erzählt wird, dann ist es immer noch so laut, dass es jeder im Dorf weiß, dass es die kleinen Kinder schon erzählen und nur der Oberfeld weiß es nicht. Und genau ihm wird er heute Morgen besonders tief in die Augen schauen, das nimmt er sich fest vor. Ihm, der noch nie irgendetwas von Hesse gehört hat, von den Doors, der sie immer verächtlich mit „meine kleinen Abiturientinnen" begrüßt. Er wird ihm also in die Augen schauen und keine Miene verziehen und nur ganz hinten, im hintersten versteckten Winkel seines Gehirns denken, dass der Oberfeld ihm letztlich nie etwas anhaben kann, weil zu Hause der Unscheinbare gerade seine Frau vögelt, der Unscheinbare, der niemals seinen aufgeschwollenen Schwanz so arrogant durch die Gegend tragen würde.

Aber zu diesem Blick wird es nicht kommen. Dafür wird der Tod sorgen, denn der ist schon ganz nah. Vielleicht noch ein paar Minuten kann er seine geträumte kühle Rache am Oberfeld genießen. Dann wird das Licht ausgehen. Ohne Vorwarnung. Wie ein Blitz.

Hinten neben dem Schläfer sitzt der, der gestern zum ersten Mal geküsst hat. Und weil die ganze Fahrt nichts gesprochen wird, weil sein Nebenmann ja schläft seit er eingestiegen ist, obwohl er noch versucht hat, eine Zigarette zu rauchen, aber die Zigarette ist ihm zwischen den Fingern abgebrannt und die Asche fiel auf den Boden, und weil der Beifahrer seine Rache still vor sich hin genießt ... Weil also nichts gesprochen wird und das monotone Motorbrummen zum Fantasieren einlädt und er, wie gesagt, gestern zum ersten Mal geküsst hat, hat er eigentlich nur Lippen im Kopf. Riesige, rote, fleischige Lippen, in die er eintauchen möchte. Wie lange er sie heimlich angebetet hat. Wie umständlich er sich an sie herangemacht hat und letztlich hat sie seine unbeholfene Art so unwiderstehlich gefunden, dass sie dann in das Treffen am Abend zuvor einwilligte. Und zum Abschied hat sie seinen Kopf in die Hände genommen, weil ihm einfach das Herz in die Hose gerutscht war und er keinesfalls den Mumm hatte, sich ihr zu nähern, obwohl er es sich sehnlichst wünschte, geradezu danach brannte. Aber sie machte ohnehin den ersten Schritt und küsste ihn, den Kopf mit ihren warmen duftenden Händen haltend, lange, sehr lange auf den Mund. Mehr war es nicht. „Schön ist es mit dir", sagte sie und ihre Stimme klingt in einer für ihn nie gehörten Sanftheit und Güte in seinen inneren Ohren nach. Er hingegen brachte nichts anderes heraus als ein kehliges „ja, schön". Und das war so ungeheuer bescheuert, denkt er, einen tiefen Zug aus der Zigarette inhalierend. Aber das Bild oder mehr das Gefühl dieser Lippen – *„girl, you gotta love your man"* – auf den seinen, die Erinnerung an genau diese Lippen, an keine anderen, diese Erinnerung überwältigt ihn und muss diesen Tag begleiten, muss die nächsten Tage begleiten und von mehr Küssen gefolgt werden: *„take him by the hand"*. Von viel mehr Küssen, das weiß er ganz sicher. Er weiß zum Glück nicht, dass nichts folgen wird. Gar nichts.

Weil der Tod noch näher rückt. Er braucht nur noch ein wenig seinen Kopf zu drehen und dann blinzelt er nur ganz kurz, ganz ohne große Geste, denn der Tod ist nicht groß, der ist ein Verwalter, ein Prokurist, und er hätte viel zu tun, wenn er jedes Mal einen riesen Aufwand betreiben würde. Vier junge Wehrdienstleistende in der Waldprovinz auf der Bundesstraße an den Baum zu jagen, dass sich der Wagen wie ein Hufeisen um den Stamm herumbiegt, das macht der Tod mit links und es kostet ihn nur ein kurzes Zucken. Und wenn der Pfarrer in der Kirche bei der Beerdigung mit großem Theater den Rilke zitiert *„Der Tod ist groß, wir sind die Seinen lachenden Munds. Wenn wir uns mitten im Leben meinen, wagt er zu lachen mitten in uns"*, dann lacht der Tod wirklich. Er lacht, weil seine Arbeit so überschätzt wird, seine Profession, die er wie ein Beamter verrichtet. Ganz unspektakulär und nüchtern schaut er, ohne dass man es ahnt, mal kurz in eine Richtung. Und dann ist sein Werk auch schon getan. Er kommt dabei nicht daher als Gerippe, das wäre ihm viel zu aufgedonnert, auch nicht in Schwarz. Nein, ganz unauffällig, vielleicht in Grau, in einem ganz biederen Cordsacco, im Sommer möglicherweise auch in luftiges Leinen gekleidet, denn er vermeidet Schweiß und Anstrengung, er mag die Leichtigkeit. So steht er unerkannt, unerwartet, unscheinbar und doch ganz bestimmt und ruhig und sich seiner Wirkung absolut gewiss am Straßenrand, *„killer on the road"*, und schaut nur. Das ist seine einzige Tätigkeit. Er schaut.

Aber davon ahnen die vier nichts. Sie ahnen nicht, dass hinter dem Lastzug, der ihnen entgegenkommt, ein roter Wagen fährt, wahrscheinlich ein Golf. Ein junger Mann steuert ihn, und daneben sitzt seine Freundin, und er will bei Gott kein Hasenfuß sein und unentschlossen vor ihr erscheinen, weil er sie erst seit kurzem kennt, und er will sie beeindrucken und zeigen, dass er es drauf hat, dass er die Dinge in die Hand nimmt, dass er weiß, was Sache ist. Er wechselt, ohne sich umzusehen und ohne einen vorsichtigen Blick nach vorne, weil Vorsicht ja wieder so unentschlossen wirken würde, und das hat sie ihm ja schon gesagt, dass er immer so unentschlossen wirkt, er wechselt also die Straßenseite und sofort ist ihm klar, dass er gerade den Fehler seines Lebens macht und nie wieder vergessen wird, was er hier anrichtet, nämlich vier junge Leute in den Tod zu schicken, nur weil er vor ihr gut dastehen will, aber es eben doch nicht so drauf hat, wie er meint. Niemals wird er diese Schuld von sich abwaschen können. Immer wird das Blut der vier an ihm kleben bleiben und ihn an diesen winzigen Augenblick in seinem Leben erinnern, der entscheidend ist und unaustilgbar. Nicht mit Schnaps, nicht mit Joints, nicht wenn er bis in die Südsee vor dieser Erinnerung wegläuft. Sie ist da, eingedrückt in sein Hirn, wie der Wagen mit vier jungen Leuten, der sich gleich in eine Eiche quetschen wird wie eine Zitrone in die Presse. Gerade noch fährt er auf der Höhe des Lastwagens und der entgegenkommende Kadett ist schon viel zu nah, als dass er noch vor dem Laster einscheren könnte. Er drückt das Gaspedal bis zum Boden durch, drückt so fest, als könnte er mit der Muskelspannung seines Oberschenkels noch ein paar Stundenkilometer aus seiner gottverdammten Kiste herausholen. Aber auch das würde nicht reichen, und das merkt er und versucht noch, sich mit seinem Wagen ganz dünn zu machen, ganz schmal, damit vielleicht der Kadett passieren könnte auf einem kleinen Reststreifen von Asphalt, was aber nicht gelingt, was nicht ausreicht, auch wenn er den Lastzug mit der rechten Türe streift und dadurch ins Schlingern gerät, was sein Vorhaben, Platz zu machen, wieder vereitelt. Er schreit laut „Verdammte Scheiße!", und seine Beifahrerin schreit nicht. Sie krallt sich krampfartig in den Seitengriff der Tür und stemmt sich gegen den Wagenboden, dass sie meint, sie würde ihn durchtreten, dass sie hinterher einen Muskelkater hat in jedem Muskel von Kopf bis Fuß. Aber sie schreit nicht. Sie reißt stumm den Mund auf und die Augen und kann die Augen nicht zumachen, sie will sehen, was da jetzt passiert, und ist gleichzeitig wie gelähmt, weil klar ist, dass eine Katastrophe bevorsteht. Wie im Kino, wo man mit einem abstürzenden Flugzeug mitfiebert und sich in den bequemen Kinosessel presst, aber doch die Gewissheit hat, dass man hinterher heil aus dem Kino rausgehen kann. Aber hier kommt man nicht heil heraus, das sieht sie schon voraus, aber die Wagen fahren zu schnell aneinander vorbei, als dass sie das Unglück mitbekommt.

Sie sieht also nicht, wie sich der Kadett mit dem Vorderreifen im Bankett verheddert, aus der Spur gerät, nach rechts kippt und dann in eine spiralförmige Drehbewegung übergeht. Wie ein Korkenzieher würde er sich in den nächsten Baum schrauben, würde die Flugbahn nicht vorher durch einen noch ganz jungen Baum seitlich abgelenkt, wodurch der Wagen sich schließlich wie ein U um den Baum biegt, als wollte er ihn ganz umfassen und ein Teil von ihm werden. Möglicherweise funktioniert gegen jede physikalische Gesetzmäßigkeit der Kassettenrecorder noch und Morrisons Stimme tönt laut *„our life will never end"* aus dem Schrott, der am Stamm hängt. Der Tod hat geblinzelt, und der Einzige, der das Blinzeln sieht, ist der Fahrer. Er ist sich, sobald er das andere Auto auf seiner Spur wahrnimmt, sofort der Gefahr bewusst und hat das ganze Ausmaß der Ereignisse genau vor Augen. Um einem frontalen Zusammenstoß auszuweichen, reißt er das Lenkrad auf die rechte Seite herum, sieht zu spät eine sich gerade noch öffnende Gasse, die sich durch die Annäherung des Golfs an den Lastwagen auftut, aber die letztlich zu klein ist, von daher ist es egal, ob er die Gelegenheit nutzt oder nicht, und verliert die Kontrolle über den Wagen. Es ist wirklich ein Klischee, aber während er sich auf die Lippen beißt, dass ihm bereits in der äußerst kurzen Zeit zwischen Flug und Aufprall das Blut zwischen die Zähne rinnt, stammelt er ein Wort in die zerbissene Lippe hinein, das so ähnlich wie

„Mama" klingt. Als hätte jemand die Regler an einem Lautsprecher mit einem Mal auf maximale Stärke gedreht, schießt seine Empfindung für alles, für alle, für jeden, den er kennt, in einer nie erlebten Intensität durch ihn hindurch, ein übergroßes Gefühl von Liebe, von Dankbarkeit und im allerletzten Moment von Wehmut, weil ihm die Endgültigkeit der Situation absolut klar bewusst ist.

Auf der Hinterbank hat der Schläfer kaum Zeit, auch nur die Augen aufzumachen, schon ist es passiert. Und neben ihm wird von riesigen, feuchten, fleischigen Lippen geträumt und zunächst erscheint das fast sanfte Abheben von der Fahrbahn wie eine völlig logische Fortsetzung des Tagtraums, in dem der Lippenträumer ohnehin nicht genau weiß, wo oben und unten ist, weil sich alles um ihn herum dreht in einer Art rotem Delirium, wie ein Karussell, das nicht fest auf der Erde verankert ist, sondern permanent Richtung und Standwinkel ändert, das Tempo abbremst und beschleunigt, wovon ihm schwindlig ist, aber schon lange vor der Kollision mit dem Baum. Es gibt einen allerletzten Moment in seiner Wahrnehmung, so kurz wie ein Fingerschnippen vielleicht, in dem die Lippen, von denen er träumt und die ihn wie in einer Waschmaschine durcheinander wirbeln, sich monströs aufblähen zu überdimensionalen Luftkissen, die sich mit enormer Geschwindigkeit auf ihn zubewegen und in ihrem Spalt gnadenlos zerquetschen. Diese Fantasie hat er kurz vor dem Aufprall, so dass sich für ihn quasi ein doppelter Aufschlag ergibt, wobei der erste die Seligkeit seines Traums zerstört und der zweite sein Leben.

Beim Beifahrer scheint es, als habe der Tod, vielleicht aus Langeweile, vielleicht aber doch aus einem völlig unwahrscheinlichen Anflug von Mitleid, seinen Blick abgewendet. Und so hängt er in dem beengten Raum, den die Wucht des Aufpralls noch übrig gelassen hat, fast in einer stehenden Position auf dem Armaturenbrett und sein Herz schlägt noch, das spürt er an dem pulsierenden Blutstrom, der aus seinem Oberschenkel austritt, und in dieser aufgerichteten Stellung kann er das Ausmaß des Geschehens überblicken. Unwahrscheinlich ist, dass er versucht, die Zeilen des Songs, der vielleicht noch aus dem Kassettenrecorder tönt, mitzusingen *„his brain is squirming …"*. Sicher ist aber, dass er nicht mehr an den Oberfeld und seinen aufgepflanzten Schwanz und ebenso wenig an seine auf dem Tisch vom Außenseiter genagelte Frau denkt. Er denkt gar nichts mehr und registriert nur noch das nahende Ende, sieht sich selbst beim Ende zu.

Wahrscheinlich ist es aber kein Mitleid, das den Tod noch kurz innehalten lässt. Es ist wohl viel banaler, viel alltäglicher. Er muss sich möglicherweise nur die Schnürsenkel binden und bückt sich, oder er sieht kurz auf die Uhr, um seinen dichten Tagesplan durchzugehen. Aber natürlich wendet er sich jetzt wieder um und vollendet mit dem Beifahrer seinen Dienst in aller Frühe in der Waldprovinz auf der Bundesstraße und verlässt den Unglücksort, der für ihn ja kein Unglücksort ist, vielmehr ein Arbeitsplatz, aber Unglück für die, die da am Baum hängen, begleitet von den letzten Klängen der Doors *„take him by the hand …"*, denen jetzt auch allmählich die Luft ausgeht, und von einem leisen Zischen des Motors und Tropfgeräuschen von Kühlerwasser und Blut.

Guido Frei

BEICHTGEHEIMNIS

Der Anruf um acht Uhr riss Toni Deboni aus tiefsten Träumen. Kommissar Schmitt hing am anderen Ende.

„Mein Chef will dich sprechen!" Schweigen. „Ein kleiner Auftrag!", schepperte es aus der Muschel. Deboni nickte. Kaum aufgelegt, klingelte der Apparat erneut. Toni hielt den Hörer auf Distanz. Aber die distinguierte Stimme eines Dekans, – „Huber, oder Bruder Johann" – salbte sein Ohr und ersuchte um ein Gespräch am frühen Nachmittag.

„Eine delikate Angelegenheit. Wir wären hoch erfreut, wenn Sie uns erlaubten, Ihre Hilfe in Anspruch zu nehmen!"

Solch eine Formulierung schloss jede Verweigerung aus.

„Ich habe die obersten, Etage erreicht!", berichtete Toni seinem Spiegel.

Das Abbild antwortete: „Sagst du immer." Es wandte sich verächtlich weg.

Toni warf die Lederjacke über und verließ die Wohnung Richtung ‚Odeon'. Dort kippte er einen Espresso mit Calvados hinunter, spekulierte über die Art des ersten Auftrages. Sah im Kaffeesatz ein Kind, das dem Oberbullen die Zunge rausstreckte. Anschließend entkam es ihm mit quietschenden Reifen auf dem Dreirad! Belustigt vom Gedanken schwang er sich auf die Vespa und raste gen Westen. Forschen Schrittes betrat er das Kripogebäude.

„Sie wünschen?" Getarnt von aufgesetzter Höflichkeit streifte ein ungehaltener Blick Deboni.

„Nichts, ich werde gewünscht!" Toni studierte die Fragezeichen im Gesicht des Mannes. „Vom Chef!", fügte er hinzu. Der Grüne röntgte ihn von oben bis unten. Deboni klopfte auf den Bauch und erklärte: „Alles Natur! Keine Waffen, keine Bomben!"

„Ausweis!" Der Mann fixierte ihn durchdringend.

„In der Tasche!" Deboni starrte finster zurück.

„Da steckst du ja!", drängte eine dritte Stimme in den Dialog, „wo bleibst du so lange?"

„Eure Concierge hält mich auf", beschwerte sich Toni, abfällig auf den Verdutzten weisend. „Er glaubt nicht, dass ich euch aus der Patsche helfen soll!"

„Das geht in Ordnung", klärte der Kommissar den Empfangschef auf. Er tippte dabei an die Stirn.

Die Sekretärin im nüchternen Vorraum trug einen Knoten im Haar. Ihr Charme blieb demjenigen einer Sicherheitsschleuse wenig schuldig.

Deboni schlug die Hände schützend vors Gesicht, winselte: „Ich gestehe! Bitte nicht foltern". Schmitt packte ihn entnervt am Ärmel, drängte in das anschließende Zimmer.

Polizeipräsident Fleckstein thronte in einem bequemen Ledersessel. Seine Wülste klemmten zwischen den Lehnen. Der Hörer des Telefons verschwand in der Hand, das Nicken pumpte Fett unter dem Kinn vor und zurück. Mit einem energischen „Wir sehen uns" beendete er das Gespräch, wandte sich, den Hintern aus dem Sessel wuchtend, an Toni: „Herr Deboni! Schön, dass Sie gekommen sind! Schmitt hat Sie wärmstens empfohlen." Er nickte dankend zum Kommissar, der an der Tür stehen geblieben war. Mit ausgestreckter Pranke erreichte er Deboni. Dieser nickte ebenfalls Schmitt zu und versorgte seine Hand in der des PP.

„Ich gebe immer mein Bestes", versicherte er. „Wo drückt der Ses…, äh der Schuh?"

„Nehmen Sie doch erst Platz", lud Fleckstein ihn ein. Zu Schmitt gewandt, gnädig: „Danke, Sie können wegtreten!"

Toni sank in das Sitzmöbel, klaubte eine Gauloise aus dem zerknitterten Päckchen, steckte sie an. Eine dicke Rauchwolke türmte sich zur Decke. „Darf ich?", erkundigte er sich.

Mit ausladender Geste gab Fleckstein die Erlaubnis, schob selbst eine gewaltige Zigarre zwischen die Lippenwürste.

„Zur Sache, mein Lieber", paffte er. „Man versucht, mich zu erpressen!"

„Versucht?"

„Es wurde angedeutet, man könnte …"

„Kann man?"

„Nun ja, vielleicht, aber nur ein wenig!"

Dicke haben das Gemüt von Kindern – plus deren Köpfe, urteilte Toni. „Sie schlenderten also nur am Puff vorbei. Dabei haben Sie kaum durch die offene Tür gelinst", schlug er vor.

„Woher …?", entfuhr es dem Wabbeligen.

„Womit will man euch denn sonst erpressen? Alkohol am Steuer oder zu schnelles Fahren gehören doch zu den tolerierten Vergehen!"

PP Fleckstein nickte mit offenem Mund. Jäh platzte es aus ihm heraus: „Sie sind mein Mann!"

Die Havanna zielte auf Toni, glühte rot.

„Ich war drin!", gestand er jovial. „Er droht mit Twitter!"

„Sie kennen den Erpresser?!" Jetzt versagte bei Debonis Mund der Schließmuskel.

„Ja, er hat das Schreiben unterzeichnet! Bruder Hubertus!"

„Ihr Bruder erpresst sie?"

„Nein, mein Beichtvater!"

„Wer jetzt? Bruder oder Vater?"

„Bruder Hubertus, mein Beichtvater, Pfarrer, Geistlicher! Verstehen Sie denn nicht?"

„Nein! Wie hat er von der Sache erfahren?"

„Ich habe es ihm gebeichtet!"

„Wieso beichten Sie das?" Toni kratzte verständnislos in den Bartstoppeln.

„Damit mir die kirchliche Absolution erteilt wird!" Fleckstein begriff nicht, warum Deboni nicht begriff.

„Ach! Die Kirche vergibt diplomatische Immunität nachträglich! Das muss ich mir merken!" Kopfschüttelnd zündete er die nächste Zigarette an. „Existiert in diesem Metier nicht eine Art Schweigepflicht?"

„Doch! Keine Ahnung, was den Mönch geritten hat!"

„Die involvierten Damen? Vielleicht …?"

„Irina ist über jeden Zweifel erhaben!"

Amen, fügte Deboni im Stillen hinzu. Das stand fest, da gab es nichts zu rütteln.

„Äh, wo finde ich ihren Verwandten, den Bruder?"

„Im Bischöflichen Ordinariat!"

„Das trifft sich bestens, da muss ich eh hin! Den knöpf ich mir vor. Mal sehen, was zum Vorschein kommt! Ich melde mich!"

Der Mann am Eingang wühlte gedankenverloren in den Papieren. Toni ließ den Hosenträger knallen. Der Typ fuhr mit der Hand zum Revolver. Deboni machte sich aus dem Staub.

In der Nähe des Doms spürte er die Beschattung. Nicht nur vom Gebäude. Zwei Autoscheiben und das Anfachen einer Zigarette verschafften ihm den Überblick. Der Mann trug einen grauen Mantel, die verspiegelte Sonnenbrille verdeckte das halbe Gesicht. Trotzdem enttarnte ihn sofort jeder als Russen. Das stand ihm wie ein Etikett ins Gesicht geschrieben. Toni ließ ihn Russe sein.

Er legte im Bischofshof eine Rast ein und trank ein Bier. Ivan lehnte am Brunnen, goss sich Wodka aus einem Flachmann in den Rachen.

„Sa sdorowje!", wünschte Toni im Vorbeigehen. Der Typ trug eine braune Cordhose, dazu Schuhe mit Stahlkappen. Jeder wie er mag, gab sich Deboni tolerant.

Dekan Huber schüttelte ihm mit zwei feingliedrigen Händen die Seine, geleitete ihn in ein karges Büro. Tisch, zwei Stühle, Computer, ein Kruzifix an der Wand.

„Wo brennt es?", erkundigte sich Toni ohne Einleitung.

Die Unsicherheit des Dekans fand Halt an der gekreuzigten Gestalt. Seufzend murmelte er: „Wir werden erpresst!"

„Wir?"

„Eine hohe Persönlichkeit des Ordinariats!"

„Von Bruder Hubertus?" Toni schoss blind drauf los. „Nur ein Witz", fügte er entschuldigend hinzu.

„Wieso von? *Er* wird erpresst!"

„Nein!" Debonis Synapsen traten in kollektiven Streik, verlangten nach Ordnung des Durcheinanders.

„Doch, unser Bruder Hubertus!!"

„Besuchte er zusammen mit Fleckstein den Puff?", prustete Toni los.

„Herr Deboni! Ich muss sehr bitten!" Die heilige Entrüstung erfasste Huber. Kerzengerade stand er vor seinem Stuhl, wedelte mit beiden Armen. Versuchte, den Teufel aus dem Zimmer zu bannen.

„Ich meine nur … eine Erwägung … kann ja vorkommen, nicht?"

In diesem Moment flog die Tür auf. Ein zitterndes Männchen, zusammengehalten durch seine Soutane, stürmte ins Zimmer.

„Pater Johann! Schnell! Hubertus! Er liegt in der Kirche!"

Zwei fliegende Röcke hasteten durch die Tür.

„Scheiße!", fluchte Toni. Lange Flure entlang hetzte er den beiden nach zu einer Pforte, hinter der sie die Aura des Gotteshauses aufnahm. Zwei Nonnen knieten neben einer röchelnden Frau, die mit ihrem Nerz den Boden vor dem Beichtstuhl putzte. Einige Meter daneben lag Bruder Hubertus. Der Kopf winkelte unnatürlich ab, die

Züge gaben sich durch einen über das Gesicht gestülpten Pümpel verdeckt. Ein Blinder hätte gesehen, dass jede Hilfe zu spät kam.

Die Angeln quietschten, das Hauptportal krachte gegen die Mauer. Schmitt stürmte mit seinen Leuten in die Kirche. Dekan Huber bremste sie mit dem Zeigefinger an den Lippen. Geläutert schlichen sie heran. Die Frau im Nerz setzte sich auf, wurde von den Schwestern zur nächsten Bank geführt. Ihre großen Augen schauten verwirrt, ja verängstigt auf die Anwesenden. Schmitt klopfte Deboni auf die Schulter, erkundigte sich: „Irgendein Zusammenhang mit deinem Besuch beim Chef heute Morgen?"

Toni nickte, schlug vor: „Kümmere du dich um die Leiche! Ich unterhalte mich derweil mit der Ausgeknockten da!" Er wies auf die Blasse, die langsam in die Realität zurückkehrte. „Sie kann mir bestimmt weiterhelfen!"

„Das glaubst du immer, wenn du eine Frau siehst!", lästerte der Kommissar. Gab aber leise Anweisungen und wandte sich dem Toten zu.

„Bevor ich's vergesse", schickte Deboni ihm hinterher, „der Mörder: Russe! Grauer Mantel, verspiegelte Sonnenbrille, braune Cordhose, schwarze Schuhe mit Stahlkappen, eins-achtzig. Nichts zu danken! Er hat geschätzt fünfzehn Minuten Vorsprung!"

„Ohne Quatsch?", hakte Schmitt nach, hämmerte aber bereits die Nummer der Zentrale ins Handy.

Deboni hob die Schwurfinger.

„Kann ich die Dame interviewen?"

Beide Nonnen nickten, schlugen gleichzeitig ein Kreuz über Stirn und Brust. Perfekt. Über jeden Synchronschwimmtrainer bräche dabei die Erleuchtung herein.

„Vortrefflich!", lobte er. Was er damit meinte, ließ er offen.

Er setzte sich in die Bank vor der Frau, drehte sich halb um.

„Toni Deboni", stellte er sich vor. „Sie kennen den Mann, der Bruder Hubertus umgehauen hat?"

„Ja, Boris, die rechte Hand vom Chef", murmelte sie wie aus dem Jenseits.

„Ihr Zuhälter?"

Blaue Augen maßen ihn verächtlich.

„Ich arbeite für den Polizeipräsidenten", versuchte es Deboni.

„Richten Sie ihm aus, er soll endlich was tun!"

„Sie sind Irina?", schloss er. Sie bejahte.

„Fleckstein hält viel von Ihnen."

„Er begrabscht mehr, als er hält!"

„Was hat er versprochen?"

„Achtung und ein anständiges Leben! Nichts hat er gehalten, er und Igor funktionieren genau gleich." Ihr Gesicht rötete sich.

„Igor?"

„Igor Bunin, der Baulöwe. Er hat uns hierher gelockt, uns das Blaue vom Himmel versprochen. Was hat er getan? Uns an die Herren der Stadt verkauft, gedemütigt! Alle haben profitiert – nur wir gingen leer aus!"

Deboni fürchtete, sie würde ihm gleich an die Gurgel springen.

„Was spielte Hubertus für eine Rolle in der Geschichte?"

„Er vermittelte die Kontakte."

„Die Kirche arrangiert die Sextreffen? Darum wird im gehobenen Milieu so viel gebeichtet!", begriff Toni. „Man lernt nie aus!"

„Igor steckt viel Geld in die Restauration der Basilika!"

„Ich verstehe", resümierte Deboni, „er hat sie alle gekauft – und in der Hand!"

Er deutete Irinas Schweigen als Zustimmung.

„Sie und Hubertus wollten aussteigen!", erriet er.

Sie schluckte lautlos, stand auf und hetzte zum Ausgang.

Schmitt hielt sie auf.

Deboni trat zu ihnen: „Lass sie laufen, aber gib ihr Personenschutz! Ich verrate dir gleich, was ich vermute."

Nur ungern folgte der Kommissar dem Vorschlag.

PP Fleckstein hing wieder in seinem Sessel fest. Deboni fiel in den Stuhl gegenüber, klaubte eine Zigarette hervor, rauchte und starrte über den Tisch.

„Hubertus wollte also aussteigen. Er kam zu Ihnen, flehte um Hilfe. Sie verweigerten diese, sahen ihre Felle davonschwimmen. Der Bruder drohte mit Bloßstellung. Sie informierten Bunin. Der setzte den Mönch unter Druck. Wer hat Ihnen gesteckt, dass Irina mit im Boot sitzt? Auf jeden Fall wollten Sie auf dem Laufenden sein, was Hubertus betrifft. Glaubten, so auch Irinas Schritte mitzukriegen. Richtig?"

„Ich habe ja nur …"

„Sie und Ihre Kollegen von der Regierung haben das Heft aus der Hand gegeben! Bauaufträge gegen junges Fleisch getauscht!"

„Irgendwer muss ja die Sachen bauen!"

„Dafür gibt es bei uns Ausschreibungen! Aber es lief ja alles bestens. Hier drückte man ein Auge zu, dort wusch eine Hand die andere. Mann hilft sich, wo er kann – die Frauen dürfen es ausbaden!"

Stille füllte das Büro von Fleckstein. Wie in der Kirche.

„Was hätte ich denn tun sollen?"

„Ihren Job vielleicht?!", schlug Deboni sarkastisch vor und fuhr fort: „Die russische Mafia funktioniert eben nicht wie ein Klüngel verbandelter Parteikollegen. Sie formuliert keine Erwartungen, stellt vielmehr knallharte Forderungen. Zeigt man sich nicht willig, droht sie mit Erpressung und roher Gewalt. Ein einziges Nachgeben, schon steht man auf dem Abstellgleis. Mit einer Geliebten lockt man die Öffentlichkeit nicht mehr hinter dem Ofen hervor. Längst hat sie begriffen, dass sie nicht von Köpfen, sondern aus der Hose regiert wird. Aber Korruption? Bezahlte Dienste? Da beginnt es eng, ja gefährlich zu werden."

Dazu viel Fleckstein nix ein.

„Also schmeißen Sie mich ins Getümmel, hoffen, ich verschaffe Ihnen die nötige Zeit, ermögliche einen geregelten Abgang. Ihre Partner danken mit einem Mord. Übel so was, ganz übel!"

Toni griff sich an die Gurgel.

Es verbot sich, Fleckstein ein Häufchen Elend zu nennen, dafür trug er zu viel Fett und zu wenig Einsicht. Wäre aber Zerknirschung hörbar, käme vielleicht ein Dutzend Dezibel zusammen.

„Wie man die Spitze des Eisberges so grell beleuchtet, dass es niemanden interessiert, was sich darunter verbirgt, darin haben Sie ja Kraft ihres Amtes wahrlich genug Übung!" Fleckstein lächelte.

„Ich gebe meinen Auftrag zurück, Herr Präsident! Die Russen sind für mich eine Nummer zu groß. *Sie* befehligen den Apparat, um eine gleichwertige Mannschaft dagegenzustellen. Außer der Gegner bezahlt Sie ..." Deboni hielt den Daumen nach unten. Er raffte die Zigaretten zusammen, stützte die Hände auf die Knie und stemmte sich hoch. „Ach, noch was! Schauen Sie zu, dass Irina sowie ihre Freundinnen auf eigenen Beinen stehen, frei entscheiden können, ob sie euch verwöhnen oder ankotzen sollen! Ansonsten kommen meine Kenntnisse über die Ausmaße von Eisbergen unter Wasser zum Vorschein. Falls in Ihnen die Idee keimt, die Forderung für überzogen einzustufen ... Kommissar Schmitt weiß Bescheid!"

Draußen verschwand die Sonne hinter den Giebeln, tauchte die Fassaden in prickelndes Gold. Das weckte in Deboni Lust auf ein schaumgekröntes Bier.

Colin Goldner

DIE GEFRORENE WÜRDE DES HERRN JANICH

"Hast dich schon wieder angeschissen, du alte Sau?" Pfleger Harry riss die Bettdecke zurück. Herrn Janichs zahnloser Mund verzog sich zu einer hilflosen Grimasse. Stundenlang hatte er auf den Klingelknopf gedrückt, aber niemand war gekommen, ihm die Toilettenschüssel unterzuschieben. Jetzt lag er in seinen eigenen Exkrementen, die inzwischen knochenhart an seiner Haut festgetrocknet waren.

„Sowas wie du gehört einfach weg!" Harry trat mit dem Fuß gegen Herrn Janichs Gitterbett, das hart an der Wand anstieß. Ohne ein weiteres Wort drehte er sich um und ließ den alten Mann alleine zurück. Herr Janich stöhnte leise auf. Noch immer umklammerte er den Klingelknopf, der an einem dünnen Kabel über seinem Bett baumelte. Obwohl er wusste, dass Harry die Anlage abgestellt hatte. Wie jede Nacht. Damit er nicht gestört würde, wenn er im Stationszimmer schlief oder sich irgendwelche Videospiele vom PC herunterlud. Er kam nur einmal zu Beginn und einmal gegen Ende seiner Schicht vorbei. Dazwischen fast zehn Stunden qualvoller Angst im Dunklen. Im Wissen, dass niemand zu Hilfe käme, wenn etwas passierte.

Herr Janich lag in einem engen, muffigen Zweibettzimmer auf der Pflegestation des St. Katharinen-Altenheims. Vielleicht war es auch das St. Magdalenen-Altenheim oder das von St. Ansar, so genau wusste Herr Janich das selbst nicht. Nur dass es ein Haus mit „Sankt" davor war, und dass die Pflegedienstleitung in der Hand von Nonnen in schwarzer Ordenstracht lag. Die Pflegekräfte liefen in weißen Kitteln herum. Wie in der Psychiatrie, dachte Herr Janich, obwohl er nie eine von innen gesehen hatte.

Im Augenblick hatte Herr Janich keinen Zimmergenossen. Herr Brandl war vor wenigen Tagen verstorben. Er hatte plötzlich zu keuchen und zu würgen begonnen. Herr Janich hatte sofort gespürt, was los war. Er hatte verzweifelt auf die Klingel gedrückt. Niemand war gekommen. Er hatte versucht, sich über das Gitter seines Bettes zu ziehen, um Hilfe zu holen. Vergebens. Seine Kräfte hatten nicht gereicht. Herr Brandl hatte geröchelt, sich ein letztes Mal aufgebäumt. Dann war es still geworden. Erst am Morgen konnte Herr Janich durch die Gitterstäbe hindurch erkennen, dass Herr Brandl sich erbrochen hatte und, so schien es, an dem Erbrochenen erstickt war.

„Nun schau' dir bloß diese alte Sau an", hatte Harry sich erbost, als er frühmorgens, kurz vor Schichtende, ins Zimmer gekommen war. Wütend hatte er dem Bettgestell einen Fußtritt versetzt, so dass der Kopf des Toten gegen die Gitterstäbe geknallt war. Ohne zu zögern, hatte er die Nachttischlade geöffnet und in den paar Habseligkeiten gewühlt, die, von Herrn Brandl täglich geordnet, darin lagen. Dann hatte er den Ehering vom Finger des Toten gezogen und eingesteckt. „Schau nicht so blöd!", hatte er Herrn Janich angefahren, als er bemerkte, dass dieser ihn beobachtet hatte, „du bist als Nächster dran!". Erst Stunden später war Herr Brandl von einer Pflegerin der Frühschicht abgeholt und in den Keller gebracht worden. Ein Arzt war nicht gekommen.

Herr Janich war sechsundachtzig. Seit einem halben Jahr lag er hier im Heim. Vorher hatte er seine eigene Wohnung gehabt – „mit exklusivem Blick auf den Petersdom", wie er immer scherzhaft betonte, wobei er nicht den vatikanischen in Rom meinte, sondern den von Regensburg. Seit dem Tod seiner Frau vor acht Jahren hatte Herr Janich allein seinen Haushalt bestellt. Anfang Juli hatte er einen leichten Schlaganfall erlitten und war nach dem Krankenhaus hierher gekommen. Man hatte ihm versprochen, dass er bald wieder nach Hause zurück dürfe. Dabei hatte man längst einen Amtspfleger für ihn bestellt, seine Wohnung längst aufgelöst. All seine Habe befand sich in der Nachttischlade neben seinem Bett.

Herr Janich war wieder allein in seinem Zimmer. Keiner hatte ein Wort mit ihm gesprochen. Er dachte an Herrn Brandl und daran, dass dieser es nun hinter sich hatte. Beneidenswert, irgendwie. Just bei diesem Gedanken fiel Herrn Janichs Blick auf das Kruzifix, das etwas schief über der Tür hing. Und erst jetzt fiel ihm auf, dass dem angenagelten Christus ein Bein fehlte. „Alles ist hin", sagte er leise, „sogar der da". Zugleich wurde ihm bewusst, dass er kein einziges Mal gebetet hatte, seit er hier im Pflegeheim lag. Obwohl er doch sein Leben lang gutgläubiger Christenmensch gewesen war, mit regelmäßigem Kirchgang am Sonntag und Kreuzchen bei der richtigen Partei alle fünf Jahre. Sein abgefingerter Rosenkranz, den er vor Jahrzehnten von einer Pilgerfahrt mit seiner Frau nach Lourdes mitgebracht hatte, lag seit Monaten unbenutzt in der Schublade.

Und fast musste er lachen über den hölzernen Gottessohn, der da mit abgebrochenem Bein über der Tür hing. Niemandem schien das bisher aufgefallen zu sein, noch nicht einmal den Pinguinen der Tagschicht – Herr Janich hatte sich die heimliche Freiheit erlaubt, die Schwestern in ihrem Klosterhabit so zu nennen -, die jedes Mal, wenn sie zur Tür hereinkamen, ein gedankenloses „Gelobtseijesuschristus" von sich gaben. Und mit zwei Fingern der linken Hand in einen nie aufgefüllten Weihwasserkessel tunkten, der über dem Lichtschalter hing, und imaginäres Weihwasser ins Zimmer spritzten. Von keinem der Pinguine hatte er je ein freundliches Wort gehört. Eigentlich hatte er überhaupt nie etwas von ihnen gehört, außer dem „Gelobtsei-

jesuschristus", wenn sie hereinkamen, und einem „Inewigkeitamen",
wenn sie wieder hinausrauschten.

„Alles ist hin", wiederholte er leise. Das Frühstück, das man ihm
wortlos ans Bett stellte, rührte er nicht an, auch das Mittag- und
Abendessen nicht.

„Umso besser", hatte Harry gesagt, als er das unberührte Tablett
des Abendbrots abräumte, „dann scheißt du nicht so viel". Mit einem
verächtlichen Blick auf den alten Mann hatte er das Licht gelöscht.
Kurz nachdem Harry die Tür hinter sich ins Schloss geknallt hatte,
schob Herr Janich seine Bettdecke zur Seite und zog sich mit all seiner verbliebenen Willenskraft am Gitter seines Bettes hoch. Seine
spindeldürren Beine zitterten vor Anstrengung, als er sich über das
Gitter beugte und langsam den Kipphebel des Fensters über seinem
Bett umlegte. Er öffnete erst einen Flügel – eiskalter Winterwind stob
in das Zimmer -, dann den anderen. Das dünne Nachthemd flatterte
um seinen ausgemergelten Körper. Er sah in das Schneegestöber hinaus. Er dachte an seine Frau und all die anderen, die ihm in seinem
Leben etwas bedeutet hatten. Seine Enkel- und Urenkelkinder kamen
nur kurz vor, kaum dass er sich an ihre Gesichter und Namen erinnern konnte. Er hatte sie nur selten gesehen in den letzten Jahren,
eigentlich nur an Weihnachten, wenn sie ihre Geschenke abholten,
und seit er hier im Heim war, überhaupt nicht mehr. Seine beiden eigenen Kinder waren nur einmal zu Besuch gekommen, ganz am Anfang, als man ihn aus der Klinik hierher gebracht hatte. Für ein paar
Minuten. Dann nie mehr. Selbst zu seinem sechsundachtzigsten Geburtstag vor ein paar Wochen hatte er nur eine billige Klappkarte von
ihnen bekommen, von beiden gemeinsam und mit eingedrucktem
Glückwunsch. Gerade, dass sie noch ihre Namen dazugeschrieben
hatten. Die Hoffnung, dass sie vorbeikämen, jetzt, zu Weihnachten,
das vor der Türe stand, hatte er längst aufgegeben.

Langsam legte Herr Janich sich zurück auf sein Bett.

„Ach du große Scheiße!", Harry stürzte auf das offenstehende
Fenster zu und verriegelte es. Erst dann sah er Herrn Janich. Eine di-

cke Schneeschicht hatte ihn bedeckt, von seinem Körper waren nur noch die Umrisse zu erkennen.

„Wie soll ein Schlaganfall-Patient, der sich kaum mehr bewegen kann, aufstehen und selbst das Fenster öffnen? Und weshalb sollte er das tun, mitten im Winter?" Der Staatsanwalt, der den Todesfall im Pflegeheim untersuchte, sprach von fahrlässiger Tötung. Pfleger Harry habe bei seinem Rundgang das Fenster wohl nicht ordentlich verschlossen, dieses habe sich durch den starken Wind geöffnet, der hilflos in seinem Bett liegende Herr Janich sei dabei erfroren. Andere sprachen von vorsätzlichem Mord. Besonders seit man bei Harry Herrn Brandls Ehering und Wertgegenstände anderer Verstorbener gefunden hatte.

Die Pflegerin der Frühschicht, die Herrn Janich in den Keller gebracht hatte, erzählte mit Schaudern von dem zahnlosen Mund des alten Mannes, der zu einem eigenartigen Lächeln festgefroren war.

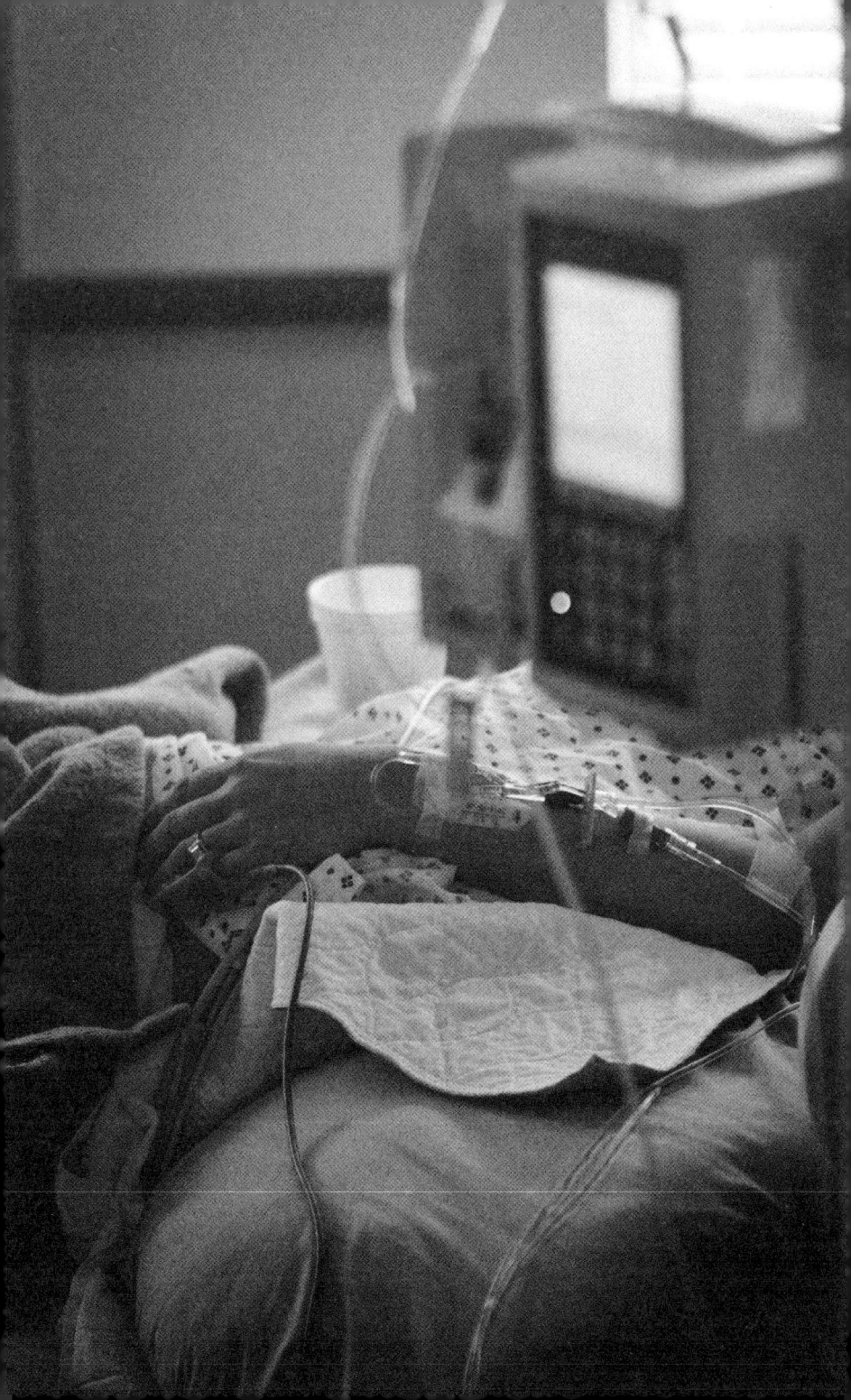

Wolf Hamm

DIE ERMORDETE HOFFNUNG

Mit *Märchen aus aller Welt* erschien Ellen, die dreizehnjährige Tochter von Agnes Glück, jeden Nachmittag um vier Uhr im Zimmer ihrer Mutter auf der Intensivstation der Klinik in Bogen und las ihr aus dem Buch vor. Der Oberarzt hatte dem Mädchen gesagt, die Mutter könne sich nicht bewegen und nicht sprechen. Allerdings sei es wahrscheinlich, dass Komapatienten wie Frau Glück mitbekämen, was um sie herum geschieht. Sie solle ihr nur vorlesen, Märchen seien gut, weil sie Hoffnung auf ein glückliches Ende nährten. Hoffnung sei ein wichtiges Heilmittel in der Medizin.

***

Seit einem halben Jahr lag die Mutter auf der Intensivstation. Die vielen Schläuche zu Apparaten ließen sie aussehen wie eine Spinne im Netz. Das unaufhörliche Ticken und Blinken medizinischer Geräte, das erbarmungswürdige Stöhnen und Schreien von Patienten aus anderen Zimmern und der beißende Geruch künstlicher Sauberkeit schüchterten die Besucherin ein. In diese Klinikwelt von Weiß und Weh setzte das Mädchen tapfer das „Es-war-einmal".

Seit der Vater die Familie wegen einer Praktikantin verlassen hatte und nach Neuseeland gezogen war, hielten Mutter und Tochter zusammen wie beste Freundinnen.

Wäre sie doch an der Stelle der Mutter! Gerne würde sie alles aushalten, wenn es der Mutter erspart bliebe. Was musste sie auch immer so schnell fahren? Sie war die steile Strecke von der Wallfahrtskirche auf dem Bogenberg hinuntergerast und hatte die sanfte Kurve nicht mehr geschafft: Totalschaden.

„Überhöhte Geschwindigkeit", stellte die Polizei fest. Ellen war unverletzt geblieben.

***

„Do is amoi a kloans Deandl gwen, do ganz hint en Bayrischn Woid. Ganz alloi iss gwen, da Vadda und d Muadda sand eahm weggstorm gwen, so arm is gwen."

Was war das? „Deandl" lautete die Überschrift. „Aus dem Bayerischen Wald" stand darunter. Fremd sahen die Worte aus und doch vertraut. Manche musste sie buchstabieren. „… sand eahm weggstorm gwen", wiederholte das Mädchen halblaut.

„Durchs Hoiz iss ganga und gwoint hods Tog und Nacht, dass se sogoa d Woiff ihra dabarmt ham."

Ellen dachte an ihren Großvater in Mitterfels. Der hat auch so geredet, „Waldlerisch". Sie hatte ihm gerne zugehört.

„Und weijs af dera Weijdd neamadn mehr ghobt hod, iss en Himme affeganga, vo dem da Pfarra so veij vozeijd hod: dass so schee sa soidd dort om. Oba dort hods sched an Misthaufa gfunna!"

Sie verstand nicht jedes Wort, aber der Klang der Sprache und die Stimme des Großvaters hatten ihr gefallen. Sie bildete sich ein, das Wichtigste verstanden zu haben, ohne den Inhalt erzählen zu können.

„Wieda zruck af da irdischn Weijdd hods gsehgn, dass des aa sched a brochas Bodschampal, a rächda Scherm is und gwoint hods und hod ned afhean kinna bis heit!"

Da kamen Ellen Tränen, erst die Tränen wegen der hoffnungslosen Situation des Kindes. Dann die der Empörung: Sollte sie das Märchenbuch wegwerfen? Das war doch kein Märchen! Wo war das glückliche Ende? Wo war das Gute? Wo war die Hoffnung? In diesem Märchen wird die Hoffnung umgebracht.

***

Seit dem Unfall litt Ellen darunter, dass sie alles allein regeln musste: Haushalt, Briefe beantworten, Behördengänge machen, dazu noch die Schule.

Wenn Ellen Unterschriften brauchte, ging sie zu einer Tante, die mürrisch die Aufgabe, die ihr vom Jugendamt auferlegt worden war, erfüllte und sonst nichts mit Mutter und Tochter zu tun haben wollte.

Der Optimismus und die Fürsorglichkeit von Ellen bekamen durch das Märchen aus dem Bayerischen Wald einen Dämpfer. Ihr Lebensmut sank. Sie dachte an das „Deandl" und sah sich mit einer Mutter, die nicht lebt und nicht tot ist, allein, ganz allein. Da kann ich mich ja gleich umbringen, dachte sie.

Sie schlich auf den Balkon: Vierter Stock! Das ist hoch genug!

Ellen stellte sich vor, wie die Mutter jeden Tag vergeblich auf sie wartete. Niemand würde kommen und ihr vorlesen oder etwas erzählen oder ihre Hand halten …

***

Am nächsten Morgen in der Schule überfielen Ellen ihre Freundinnen: „Wir machen eine Pyjama-Party. Ist doch cool. Du machst doch mit?" Zu ihrer Entschuldigung, sie habe eine kranke Mutter und viel zu tun, zuckten die Freundinnen mit den Schultern: „Hab dich nicht so. Deine Mutter bleibt noch länger im Krankenhaus. Da kann sie schon einen Tag auf dich verzichten!" Und wandten sich ab. Vor dem Unfall war Ellen ihre Wortführerin gewesen.

Die *Märchen aus aller Welt* hatte Ellen schon vorgelesen. Sie kaufte sich in der kleinen Buchhandlung am Stadtplatz von Bogen eine Ausgabe der Grimm'schen Märchen. Die Buchhändlerin freute sich: „Schön, dass du Märchen liest. Manchmal helfen sie, Schwierigkeiten zu überstehen und den Lebensmut nicht zu verlieren."

Diese Worte bestärkten Ellen in ihrem Entschluss: „Du bleibst bei deiner Mutter. Nichts mehr von Balkon!"

***

Die ersten zwanzig Märchen aus dem neuen Buch hatte sie vorgelesen, als ihr Deutschlehrer, Dr. Wilfried Sauer, Märchen lehrplangemäß im Unterricht behandelte. Sie freute sich sehr darauf, auch wenn Dr. Sauer immer mürrisch in die Schule kam, oft mit Kollegen, Direktor und Eltern stritt und Schüler beschimpfte. Die Schulgemeinde nahm viel Rücksicht auf ihn. Sein schweres Schicksal bewahrte ihn vor Strafen.

Vor zehn Jahren hatte er, ein begeisterter und mitreißender Geograf, mit Frau, Tochter und Sohn eine Studienreise nach Kolumbien unternommen. Er hatte den Regenwald studieren wollen, „solange es ihn noch gibt", hatte er einem Reporter des *Bogener Tagblatts* erzählt. Achtzehn Tage später lautete die Überschrift auf der ersten Seite der Lokalzeitung: „Lehrer Dr. Sauer und seine Familie von Rebellen gefangen. Wer zahlt das Lösegeld?"

Drei Tage später las man: „Dr. Sauer frei! Wo ist seine Familie?"

Fünf Jahre lang suchte Dr. Sauer während der Schulferien in Kolumbien die Entführten, ohne Erfolg. Er gab die Hoffnung, sie jemals wiederzusehen, nach dieser Zeit auf: Für ihn waren sie tot, umgebracht von Rebellen aus Rache an den Großgrundbesitzern, die die kleineren Bauern in die Armut gestürzt hatten.

In der ersten Stunde über Märchen kam die Bitterkeit des Lehrers überdeutlich zum Vorschein. Er zitierte aus *Schneewittchen*: „Aber es waren schon eiserne Pantoffeln über Kohlenfeuer gestellt und wurden mit Zangen hereingetragen und vor sie [die Stiefmutter] hingestellt. Da musste sie in die rotglühenden Schuhe treten und so lange tanzen, bis sie tot zur Erde fiel."

Er, sagte der Lehrer, stelle sich das infernalische Schreien der Gequälten vor, das Schmelzen und Verbrennen von Haut, Haaren und Fleisch, und den bestialischen Gestank: das alles zur Unterhaltung der Hochzeitsgesellschaft. Die sich daran erfreute, denn sie hielt dies für eine ‚gerechte', wohlverdiente Strafe. So legitimiere das Märchen solche verbrecherischen Hinrichtungen: Menschen würden nach „Gut" oder „Böse" eingeordnet: Wer „gut" ist, darf mit den „Bösen" alles tun. Wer nicht in das Schema „Gut" passt, wird umgebracht.

Dieses moralische Berserkertum, erklärte der Lehrer, habe er bei den Rebellen erfahren: Weil sie von Reichen unterdrückt und ausgebeutet worden waren, dachten sie, sie könnten andere mit vollem moralischen Recht nach Belieben quälen und töten. Deshalb sei das glückliche Ende in den Märchen schädlich, dozierte er, weil Menschen dort in einer Traumwelt lebten, dann aber in der gemeinen Wirklichkeit Schiffbruch erlitten. Märchen setzten das Samenkorn für das systematische Unglücklichsein, philosophierte Dr. Sauer. Also: „Lest keine Märchen"!

Während die Klassenfreunde sich in der Pause über Dr. Sauer lustig machten und Märchen für Kinderkram hielten, fiel Ellen wieder in Mutlosigkeit. Sie hatte letztens in der Klinik einen Arzt zu einem anderen sagen hören, dass diese Frau – ihre Mutter – wahrscheinlich nie mehr aus dem Koma erwachen werde.

„Und dann?", fragte sie sich. „Wie halte ich das alles aus?" Manchmal spielte sie an den Schläuchen herum: „Was wäre, wenn ich zufällig einen oder zwei …?"

Im ersten Moment spürte sie eine große Erleichterung, frei zu sein von dieser Belastung, gleich darauf aber fiel ein schwerer Stein auf ihre Seele: „Du willst, dass deine Mutter stirbt. Du willst sie umbringen? Wirklich?"

Nein, das war nicht ihr Lebensmärchen, entschied sie. „Du bist nicht allein. Du hast deine Mutter", sagte eine innere Stimme. Und das Mädchen ging in die Klinik und las weiter Märchen vor.

***

Nach wenigen Tagen erschien ein völlig veränderter Dr. Sauer in der Klasse: „Es ist ein Wunder geschehen. Meine Frau und die Kinder sind frei und auf dem Rückflug nach Deutschland."

Da weinte Ellen vor Freude. Und sie erzählte es ihrer Mutter, dass Herr Dr. Sauer gesagt habe, dass es Wunder gebe und dass seine Familie auf dem Rückflug sei. „Die Hoffnung ist nicht tot. Die Märchen leben und verbreiten sie", erklärte sie der Mutter. „Nur nicht aufgeben, nicht nur Märchen enden gut, auch die Wirklichkeit."

Sie hoffte, die Mutter würde den Märchen gut zuhören, denn eines Tages vielleicht …

Der bayerische Text wurde in Anlehnung an das Märchen aus „Woyzek" von Georg Büchner von Joseph Obermeier in das Schriftbayerisch übertragen.

Elfi Hartenstein

NICHT DARÜBER REDEN

Ich darf nicht drüber reden", sagt der Seppl. Er schnieft ein bisschen und kneift die Augen fest zusammen, damit die Tränen, die er kommen spürt, nicht herauskullern.

„Dann erzähl ich dir auch nichts mehr", sagt die Erna. Die Erna ist zwei Jahre älter und die große Schwester vom Seppl. Schon immer haben die beiden ihre Geheimnisse vor den Erwachsenen gehabt. Aber jetzt ist der Seppl im Internat und kommt bloß noch ab und zu heim. Das verändert einiges. Manchmal wünscht er sich, wie die Erna Fahrschüler und jeden Abend daheim sein zu dürfen. Oder sogar schon am Nachmittag.

„Was denn?", fragt der Seppl und schnieft wieder. „Was gibt's denn bei dir zu erzählen?"

Die Erna will sagen: „Erst du", aber wie sie den Seppl anschaut und merkt, dass er nah am Weinen ist, fängt sie doch an. „Gestern Nachmittag sind s' wieder mit mir da hin g'fahrn, wo die Resl g'wohnt hat."

„Und?", fragt der Seppl.

„Naja, ich hab halt wieder so lachen müssen", sagt die Erna. „Bis die Mama ganz narrisch g'worden ist und g'sagt hat, dass man sich mit mir schämen muss, und dass der Teufel mich holen wird, wenn ich so weitermach."

„Wie weitermach?", fragt der Seppl.

„Dass ich es halt nicht glaub." Die Erna lacht. „Oder glaubst du vielleicht, die Resl hat an jedem Freitag den Jesus am Ölberg leiden g'sehn und so Mitleid g'habt mit ihm, dass ihr auch die Händ und Füß und das Herz geblutet haben?"

„So ein Schmarrn."

„Genau. Aber weißt du, was die Mama g'sagt hat? Die Mama hat g'sagt, dass ich darüber lach, ist eine Sünde. Weil ich mich damit über die ganzen Leut, die an die Resl glauben, lustig mach. Das ist genau so schlimm wie fluchen."

„Zweites Gebot", nickt der Seppl. Er weiß das nicht erst, seit er im Internat ist. Die Mama hat ihm die zehn Gebote schon lang, bevor er überhaupt in die Schule gekommen ist, erklärt.

„Und Buße tun soll ich jetzt." Die Erna sieht nicht besonders buß-fertig aus, findet der Seppl. „Kreuzkruzifix", sagt sie laut. Und noch-mal: „Kreuzkruzifix." Und: „Die Mama kann mich mal!"

„Viertes Gebot", sagt der Seppl. „Pass bloß auf. Du sollst Vater und Mutter ehren …"

„Jetzt bist du dran", sagt die Erna.

Der Seppl windet sich. Er kommt sich vor wie im Beichtstuhl, nur dass es hier nicht dunkel ist. Die Erna rückt mit dem Stuhl näher an ihn heran und hält ihm ihr Ohr vor den Mund. „Du kannst es mir ja flüstern", sagt sie.

„Versprichst du, dass du's nicht weitererzählst? Niemandem. Auch nicht der Mama?"

Erna nickt. „Der Mama schon gar nicht."

„Er hat nämlich g'sagt, dass ich dann von der Schule flieg."

„Wer hat das g'sagt?"

„Der Martin.“

„Welcher Martin?“

„Der Kopprator.“ Der Seppl weiß, dass der Kopprator eigentlich Kooperator heißt. Das ist lateinisch und bedeutet sowas wie Mitarbeiter. Aber seit er denken kann, haben die Kinder im Dorf immer nur vom „Kopprator“ gesprochen.

„Aha“, sagt die Erna. „Der Kopprator Martin also. Und wieso sollst du von der Schule fliegen?“

„Weil es verboten ist, drüber zu reden. Weil es doch eine Sünde ist.“

„Aha“, sagt die Erna nochmal. „Was für eine denn?“

„Sechstes Gebot“, sagt der Seppl.

Die Erna schaut den Seppl groß an. „Unkeusches tun. Allein und mit anderen. Du? Und der …?“

Der Seppl nickt. „Aber nur zwei Mal“, sagt er schnell. Seine Stimme zittert ein wenig, weil er sich so schämt. Da fragt die Erna lieber nicht weiter. „Komm“, sagt sie und stupst den Seppl mit dem Ellenbogen, „jetzt gehn wir raus und hintern Schuppen. Da denken wir uns greislige Wörter aus und schaun, wer gewinnt.“

„Greislige Wörter ausdenken“ ist eins ihrer heimlichen Lieblingsspiele. Fast immer gewinnt die Erna.

Der Seppl steht sofort auf. Jetzt spürt er keine Tränen mehr kommen. Er ist richtig froh, dass er der Erna ein bissel was erzählt hat. Nicht alles, und gegen das achte Gebot hat er auch nicht verstoßen.

***

Der Seppl ist nicht von der Schule geflogen. Auch wenn es ihn manchmal fast zerrissen hätte, hat er geschwiegen wie ein Grab. Die Erna hat Wort gehalten und nichts von dem verraten, was er ihr gesagt hat. Aber während es beim Seppl mit seinen Schulleistungen in den nächsten Jahren stetig bergab geht – eine Talfahrt, die erst wieder aufhört, nachdem der Seppl in den Stimmbruch gekommen ist, glänzt die Erna in ihrer Klasse bei den Englischen. Eine der besten

Schülerinnen ist sie, nur nicht im Religionsunterricht. Den schwänzt sie. Da kann sie sich nicht konzentrieren. Kinderkram, findet sie. Märchen für Kinder und Erwachsene. Sie ist jetzt fast siebzehn. Zu Hause sieht sie die Eltern mit anderen Augen. Weiß, dass der Vater eigentlich hatte Priester werden sollen. Dass er tatsächlich erzkatholisch ist und an Wunder und Seher und Mystiker glaubt, an das Fatima-Wunder zum Beispiel, oder an den Alois Irlmaier. Und die Mutter ist falsch. Eine Frömmlerin, die mehrmals in der Woche zur Messe geht, und, als hätte sie nichts Besseres zu tun, regelmäßig Rosenkränze betet. Ab und zu schläft sie sogar zur Sühne für andere auf dem Fußboden. Erna will damit nichts zu tun haben. Nichts mit den Rosenkränzen und nichts mit der Sühne für andere.

Heiliger Schutzengel mein, lass mich dir empfohlen sein, dass mein Herz, von Sünden frei, allzeit Gott gefällig sei.

Kinderglaube, denkt sie verächtlich. Pfeif doch auf den Religionsunterricht.

***

Die Mutter sorgt sich. Die Tochter fängt an, ihr über den Kopf zu wachsen. Sie lässt sich nichts mehr sagen. Ist eigensinnig, verstockt, verschlossen. Meint, sie kann kommen und gehen, wie es ihr passt. Jetzt auch noch das: Sie lügt. Leugnet, dass sie seit Wochen den Religionsunterricht schwänzt. Wo soll das hinführen? Man muss andere Saiten aufziehen, bevor sie ganz auf die schiefe Bahn gerät.

„Du bleibst da."

„Wieso? Ich bin verabredet. Mit der Gabi und der Christa."

„Das ist mir gleich. Du hast am Abend nichts mehr draußen zu suchen."

„Mama. Ich bin siebzehn."

„Noch nicht."

„Außerdem ist es erst halb sechs."

„Du kannst mit mir in die Maiandacht gehen."

Kinderkram, denkt Erna, aber sie geht mit. Widerspruchslos. Sie will nicht noch mehr verboten bekommen. Also lieber still sein, nicht darüber reden. Alles, was nicht ausdrücklich untersagt wird, ist erlaubt. Den Stefan hat die Mutter ihr leider ausdrücklich verboten. („Wenn ich dich noch einmal mit dem erwische – du weißt, was der Vater dann macht mit dir. Das ist kein Umgang für dich.") Zu den Partys am Wochenende darf sie sowieso nicht. Schlechte Gesellschaft. Dabei kennt die Mutter die Leute doch gar nicht.

In der Kirche bekommt Erna einen Hustenanfall. Sie singen gerade *Meerstern, ich dich grüße*, als es losgeht. *Oh-ho Ma-a-ri-i-a-a hilf*. Maria hilft nicht. Erna kann gar nicht mehr aufhören zu husten. Sie kriegt keine Luft mehr, glaubt, sie muss ersticken. Sie japst und hustet, japst und hustet. Vor ihren Augen tanzen bunte Sterne.

Die Mutter stößt sie mit dem Ellenbogen an. „Kannst nicht aufhören? Reiß dich zamm. Was soll'n denn die Leut denken?"

Erna kann überhaupt nichts mehr denken. Ihr ist schlecht. Ihr Kopf sinkt nach vorn auf die Kirchenbanklehne, ohnmächtig rutscht sie hinunter auf das Kniebrett. In ihren Ohren dröhnt ein das Marienlied übertönendes höhnisches Gelächter.

Die Mutter und die Nachbarin ziehen Erna in die Höhe, fassen sie unter und gehen mit ihr nach draußen. Sofort setzt das Gelächter in Ernas Ohren aus. Verwundert schaut sie sich um. Sie kann wieder schnaufen.

„Solltest den Doktor anrufen", sagt die Nachbarin zur Mutter, sobald sie die Erna daheim aufs Sofa gelegt haben und sich an der Tür voneinander verabschieden. „Das ist nicht normal, dass ein Mädel in diesem Alter so plötzlich keine Luft mehr kriegt."

„Jetzt warten wir erst mal", sagt die Mutter. „Es geht ihr ja schon wieder besser. Einen Doktor braucht's da nicht. Dank dir schön, Anni." Auch wenn du, denkt sie, als sie die Tür hinter der Nachbarin schließt, wahrscheinlich schon recht hast: Normal ist das nicht. Sie schaut auf die Erna, die da liegt mit geschlossenen Augen in ihrem schrecklich weißen Gesicht.

Ihre Lippen murmeln Unverständliches.

„Sag's laut", sagt die Mutter.

Da schlägt die Erna die Augen auf, schaut sie mit einem tieftraurigen Blick an und flüstert: „Den Erzengel Michael kannst du vergessen. Das ist ein Blender vor dem Herrn." Dann packt der Husten sie wieder, dass sie ganz rot anläuft, weil sie keine Luft mehr bekommt.

Die Mutter sagt nichts darauf, aber sie rückt einen Stuhl ganz nah zu ihr, setzt sich, zieht ihren Rosenkranz aus der Kleidertasche und fängt an zu beten. Als sie beim dritten *Ave Maria* angelangt ist, schnellt die Erna in die Höhe, stiert wild um sich, stürzt sich auf die Mutter, versucht, ihr den Rosenkranz aus den Händen zu reißen. Die Mutter hält ihn fest, beide zerren sie an ihm, hin und her, hin und her, keine gibt nach, bis die Kette abreißt und die Perlen in alle Richtungen über den Fußboden kullern.

„Bist jetzt du von allen guten Geistern verlassen?", ruft die Mutter. „Du versündigst dich!"

„Mir doch egal." Die Erna dreht sich um, wirft sich wieder aufs Sofa und schließt die Augen. „Lass mich in Ruh mit deiner ewigen Beterei." Sie hört, wie die Mutter die Tür aufmacht und hinausgeht, hört sie murmeln: „*Heilige Maria, bitte für uns Sünder, jetzt und in der Stunde unseres Todes*". Dabei fällt die Haustür ins Schloss.

***

„Schau", sagt die Erna, „tut gar nicht weh." Sie zieht die Rasierklinge kreuzweise über den Unterarm. Es blutet. Sie kneift die Lippen zusammen. Der Seppl sieht viele rote Kreuze auf ihrem Arm, manche fast abgeheilt, andere frisch. Das letzte Mal, als er daheim war, hatte sie die noch nicht.

„Warum machst du sowas?", fragt er.

„Immer wenn ich Streit g'habt hab mit dem Vater. Man darf sich doch nicht mit seinen Eltern streiten. Und böse Worte und Verwünschungen …" Das vierte Gebot geht ihr halt nicht aus dem Kopf.

„Ihr habt's oft Streit", stellt der Seppl fest.

Die Erna rollt die aufgekrempelten Blusenärmel wieder runter. „Weil er mir alles verbietet. Ich muss schaun, dass ich hier wegkomm."

Sie hat gerade ihr Abitur bestanden. Es hat sie viel Energie gekostet. In den letzten zwei Jahren hat sie immer wieder Unterricht versäumt, weil sie oft krank war. Die Mutter hat allen ärztlichen Ratschlägen zum Trotz auf ihre eigenen Hausmittel und ihre Gebete gesetzt. Inzwischen ist die Erna die wiederkehrenden Erstickungsanfälle schon gewohnt, die gehören eben zu ihr. Lästiger ist, dass sie oft ganze Nächte wach liegt und dann hört, wie das Haus ächzt und rumort. Und Stimmen hervorbringt, die ihr Angst machen.

Der Seppl will wissen, was das für Stimmen sind.

Die Erna verzieht den Mund zu einem unfrohen Lachen. „Dämonische", sagt sie, „was sonst? Böse Engel halt. Die mir einreden wollen, dass ich schuld bin, wenn die Eltern leiden und in die Hölle fahren müssen."

„Das glaubst du doch nicht?", fragt der Seppl erschrocken. „Ich mein, du glaubst doch nicht an gute Engel oder böse Engel, oder?"

„Vielleicht. Vielleicht nicht", sagt die Erna.

„Die Erna muss ins Krankenhaus", sagt der Seppl am Abend zu den Eltern, nachdem Erna noch vor dem Abendessen in ihrem Zimmer verschwunden ist, weil sie Kopfschmerzen hat.

Der Vater lässt das Messer sinken und schaut den Sohn erstaunt an. „Was du nicht sagst. Ins Krankenhaus. Wegen Kopfschmerzen. Seit wann geht man denn wegen sowas ins Krankenhaus? Lernt man das in der Stadt?"

Seppl schüttelt den Kopf. „Nicht deswegen. Die Erna hat – sie hat mir gesagt, sie hat … Erscheinungen. Sie sieht und hört Dämonen, die ihr alles Mögliche einreden."

„Das weiß ich schon", sagt die Mutter. „Ich hab's dem Pfarrer letzte Woch schon erzählt."

„So so", sagt der Vater. „Dass ich das auch schon erfahr. Und was hat Hochwürden g'sagt dazu?"

„Dass es gut sein kann, dass die Erna besessen ist. Nach allem, wie sie sich schon immer aufgeführt hat, seit sie ein Kind war."

„So so", sagt der Vater noch einmal. „Also" – er schaut den Seppl an – „wie ein Fall fürs Krankenhaus klingt mir das jedenfalls nicht."

„Das könnt ihr doch gar nicht beurteilen", sagt der Seppl. „Glaubt's mir, die Erna ist krank. Gemütskrank vielleicht. Sie schläft doch fast nicht. Und überhaupt, dieser Husten …"

Die Mutter winkt ab. „Ich nehm sie einfach nächste Woch wieder mal mit", sagt sie. „Du weißt doch, die Resl soll selig gesprochen werden. Die Erna muss ihr Blumen aufs Grab legen. Die Umgebung hat einen positiven Einfluss auf jeden, der zur Resl pilgert. Und dann sehn wir schon. Brauchst dir keine Sorgen machen, Bub. Schau nur zu, dass bei dir alles in Ordnung ist."

Der Seppl nickt stumm, steht auf und geht in sein Zimmer.

***

„Jeden Abend, wenn sie im Bett liegt, gehn wir zu ihr und beten mit ihr. Für sie. Hauptsächlich zum Erzengel Michael, der ist doch zuständig für sowas, oder? Anders wird sie doch diese teuflischen Fratzen und Stimmen nicht los. Die Erna quält sich wirklich sehr", sagt die Mutter.

Sie ist zum Pfarrer gegangen und hat ihm die Lage geschildert. Die Erna war aus der Stadt zurückgekommen, hatte erklärt, sie kann jetzt im Moment nicht weiterstudieren, und sich ins Bett gelegt. Seither verweigert sie jedes Essen. Sie trinkt nur Wasser und dünnen Tee. Weil die Mutter weiß, dass die Resl auch jahrelang keine Nahrung zu sich genommen hat, macht sie sich deswegen keine Sorgen. Aber dass die Erna oft stundenlang vor sich hin deliriert und sich dabei fast die Seele aus dem Leib hustet, sich mit allem, was sie in die Hand kriegt, selbst verletzt, und auch schreit und flucht, ängstigt sie. Jetzt soll der Pfarrer Rat geben.

„Mit den Gebeten die bösen Geister vertreiben." Der Pfarrer wiegt den Kopf hin und her. Er weiß, dass Ende des vorletzten Jahrhunderts Papst Leo XIII. den Exorzismus zum öffentlichen Recht erklärt hat. Nach kurzem Nachdenken sagt er: „Die Kirche verbietet es Laien, so einen ‚Kleinen Exorzismus' gegen den Satan und die rebellierenden Engel auszuüben. Vor allem dürfen in diesen Befreiungsgebeten die Dämonen keinesfalls direkt angesprochen oder mit Namen benannt werden. Es haben schon viele Gläubige dabei Schaden erlitten."

„Aber Hochwürden, was sollen wir denn sonst tun?", fragt die Mutter.

„Dieses Gebet von Papst Leo XIII., die Anrufung des Erzengels Michael also, … darf nur ein Pfarrer beten."

„*Dein Wille geschehe*", sagt die Mutter.

Und so geschieht es.

***

Die Erna kann sich kaum auf den Beinen halten, trotzdem beschließt sie, sie will wieder in die Stadt und weiterstudieren. Das Zimmer im Studentenheim wartet auf sie. Und der Seppl.

Der Seppl erschrickt, wie er sie sieht.

„Die Mama ist gestern auf Altötting g'wallfahrt, und der Papa fährt nächste Woch nach Fatima", versucht sie von sich abzulenken.

„Und du?"

„Mir haben s' jetzt auch das Beten und Büßen gelernt."

Der Seppl schaut sie ungläubig an.

„Büßen vor allem. Weil mit dem Beten hab ich's ja noch nie so g'habt."

Die neuen Schürfwunden an ihren dünnen Armen sind dem Seppl gleich aufgefallen. „Weiter", sagt er, „erzähl weiter."

„Ich glaub's jetzt bald selber", sagt die Erna. „Schau: Die letzten vier Wochen ist der Pfarrer jeden Abend kommen und hat – die Anni war auch immer da – diese Exorzismus-Gebete zum heiligen Michael gebetet und mich und die anderen auch und überhaupt das ganze Zimmer mit Weihwasser besprengt. Alles war nass. Und irgendwie g'rochen hat's auch."

„Weiter", sagt der Seppl.

„*Bitte den Gott des Friedens, dass er Satans Macht unter unseren Füßen vernichte, damit dieser die Menschen nicht mehr beherrschen und der Kirche nicht mehr schaden könne.*"

„Weiter."

„*Ergreife den Drachen, die alte Schlange, die nichts anderes ist als der Teufel und Satan, und stürze ihn gefesselt in den Abgrund …!*"

„Jetzt hör doch damit auf", sagt der Seppl, „ich will wissen, wie's dir geht dabei. Dir."

„Ich sag ja, ich glaub's jetzt bald selber", sagt die Erna. „Dass sie recht haben. Dass ich den Teufel in mir hab. Und dafür büßen muss."

***

Der Seppl ist jetzt im letzten Jahr im Internat. Heute setzt er sich am Nachmittag in die Bibliothek und wälzt dicke Bücher. Es dauert, bis er gefunden hat, was er sucht. Ein Dokument der Glaubenskongregation vom 29. September 1985. Er fährt mit dem Finger die Zeilen entlang. Der Text ist lateinisch, aber so viel Latein hat der Seppl gelernt, dass er versteht, was er liest. Doch er liest ein zweites Mal, ein drittes Mal und kann trotzdem kaum glauben, was da steht:

Der Kanon 1172 des Kanonischen Rechts … bestimmt, dass niemand rechtmäßig Exorzismen über Besessene sprechen darf, wenn er nicht die … ausdrückliche Vollmacht des zuständigen Ortsbischofs hat … . Schließlich werden die Bischöfe … gebeten, darüber zu wachen, dass niemand ohne die entsprechende Vollmacht Versammlungen leitet, in denen Befreiungsgebete benutzt werden, in deren Verlauf die Dämonen direkt angesprochen werden und man sich bemüht, ihre Namen zu erfahren – auch in Fällen, bei denen es sich nicht um echte und eigentliche teuflische Besessenheit handelt, aber dennoch ein teuflischer Einfluss vorzuliegen scheint … gez. Joseph Kardinal Ratzinger, Präfekt …" *

Der Seppl kneift die Augen fest zusammen, damit die Tränen, die er kommen spürt, nicht herauskullern. Er ist wieder der kleine Bub, der er einmal war. Aber es gibt keine große Schwester mehr. Die hat die letztlich sogar vom Bischof genehmigten Exorzismen nicht mehr durchgestanden. Beim letzten hat sie aufgegeben. Die Eltern waren erleichtert, weil sie hoffen, dass es doch nicht der Teufel war, der sie geholt hat.

Der Seppl schnieft. Sie fehlt ihm, die Erna. Auch wenn er selbst ja irgendwie davongekommen ist. Solang er nicht zurückdenkt, geht es ihm sogar recht gut. Ein schlechtes Gewissen hat er auch nicht mehr. Immerhin hat er nie jemanden angeschwärzt und überhaupt hat er sowieso nie mehr darüber geredet.

* Pfarrer Christian Sieberer, www.exorzismus.net/Gebete

DER WALDPROPHET

Seniorenresidenz schön und gut. Seit zwei Jahren wohne ich mit meiner Freundin Rita in St. Edeltraud im Bayerischen Wald, nahe der Grenze zu Tschechien. Ich bin mit ihr mehr als 70 Jahre befreundet. Rita ist, wie man bei uns in der Gegend sagt, eine „Übriggebliebene", mit viel Geld und Grundbesitz. Also nie verheiratet gewesen. Obwohl ich glaube, dass sie einmal ein Techtelmechtel mit dem Bertl aus Zwiesel hatte. Aber das ist ihre Sache. Ich mische mich bei ihr in nichts ein. Ja, und ich bin die vierfach verwitwete Eisenbahnpensionärin Gertrud und habe von meinem Neffen zum 80. Geburtstag einen flachen Schreibcomputer bekommen. Er ist ganz klein und passt gut in meine Nachttischschublade. Wenn ich nicht schlafen kann, dann schreibe ich. Rita bekommt da nichts mit. Sie grunzt die ganze Nacht wie ein Meerschweinchen und nimmt die Schlaftabletten von Kytta, die sie vom Doktor bekommen hat, weil sie sonst in der Nacht immer abhaut. Rita ist schon leicht dement und hält die Pfleger ganz schön auf Trab. Im Großen und Ganzen können wir beide in St. Edeltraud gut leben und es fehlt uns an nichts.

Ich kann auf dem flachen Ding sogar ohne Strom schreiben. Im Schlafzimmer haben wir die Steckdose blöderweise hinter dem Kleiderschrank. Neben dem Bett ist nur der Lichtschalter für die Deckenlampe und dann noch die Klingel, falls eine von uns den Löffel abgeben sollte. Ich meine, sich ins Jenseits verabschiedet und dann aber doch wieder gerettet werden will.

Am Anfang habe ich alles in Großbuchstaben geschrieben, weil ich die Großstelltaste immer an hatte. Nachdem mir der Michael, unser erster Pfleger, das Klappding erklärt hatte, funktioniert es mit dem Schreiben. Ich habe die Großstelltaste im Griff.

Rita sitzt die meiste Zeit vor dem Fernseher: Vom Frühstücksfernsehen bis zu „Dahoam is dahoam" schaut sie alles an. Mir ist das egal. Ich habe meine Zeitschriften und den Computer. Abends schaue ich die Tagesschau an. Da habe ich mich durchgesetzt. Schließlich will ich wissen, was der Trump und Konsorten so von sich geben. Neuerdings will er auch die Lehrer wegen der Amokläufe bewaffnen. Bin gespannt, wie viele Schüler dann lebend aus der Schule kommen. Wir hatten uns ja zu meiner Zeit noch mit Papierkugeln abgeschossen und alle überlebt. Schmerzhaft war es nur, wenn der Fink Bertl sein U-Hackerl aus der Hosentasche raus hat und dann mit dem Zwistel auf uns geschossen hat. Da habe ich heute noch eine kleine Einbuchtung neben meiner Nase. Aber auch das haben wir überlebt. Mit einem Revolver war niemand in der Schule. Aber die Zeiten ändern sich und ich bin froh, dass mein Enkerl, der Wolfi, schon beim Vaillant angestellt ist.

Seit wir Anton, unseren neuen Pfleger haben, blüht Rita wieder ein wenig auf. Wir haben vertraglich festgelegt, dass wir nur männliche Pfleger wollen. Darauf bestand Rita, sonst wäre sie nicht mit mir ins Heim gezogen. Anton sieht täglich nach uns, macht Arzttermine für uns, weist uns auf Veranstaltungen mit dem Schanti Chor im Gemeinschaftsraum hin und umsorgt uns ganz wunderbar. Ein

wichtiger Punkt ist, um das nicht zu vergessen: Er hilft uns beim Anziehen unserer Stützstrümpfe, die uns der Herr Doktor wegen der
Krampfadern in den Beinen verordnet hat. Das macht der Anton
wirklich gut. Rita schämt sich, wenn er in die obere Region ihres
Beines kommt, aber ich sage ihr immer: „Genieß es, es is des oanzige,
wos mia no an Erotik ham."

Anton ist ein gutaussehender junger Mann, wie vorher Michael
auch, und er streichelt Rita oft übers Haar. Und wenn der Anton sie
auch noch in den Arm nimmt, kriegt sie ganz rote Backerl. Ich kenne
die Besuchszeiten von Anton und schau dann, dass die beiden alleine
sind, weil ich das Geschäker nicht mit ansehen mag. Dass die Rita
auf ihn hereinfällt, hätte ich mir nicht gedacht. Anton hofft doch
bloß, dass sie ihn in ihrem Testament nicht vergisst. Zudem steckt sie
ihm auch öfter einen Fünfziger zu. Aber das ist ihre Sache. Von mir
bekommt er höchstens fünf Euro in der Woche. Schließlich verlangen
sie in dem Heim ja schon einen Batzen Geld. Nur so nebenbei gesagt.

Also ich verschwinde, sobald Anton zu Rita kommt. Spazieren
gehe ich ja schon immer viel und es geht noch ganz gut. Das Gehen
sollte ich unbedingt beibehalten, hat auch der Dr. Kreitmeier gesagt,
als er in den Ruhestand ging. Dreißig Jahre lang war er unser Haus-
arzt gewesen. Er war es auch, der mir geraten hat, mir jeden Morgen
ein Gläschen Hochprozentiges zu genehmigen, damit mein Kreislauf
in Schwung kommt. Seitdem beherzige ich seinen Rat und es tut mir
wirklich gut. Damit Rita sich darüber nicht aufregt, verstecke ich die
Flasche Waldprophet, einen süffigen Blutwurz, hinter der Bettwäsche oben im Schrank. Da findet sie ihn niemals. Seit einiger Zeit
stimmt aber was nicht mit meiner geheimen Flasche. Ich habe ja
Anton in Verdacht. Denn wer außer ihm, besucht uns schon? Immer
wieder fehlt etwas in der Flasche. Nie mehr als ein Stamperl. Das
muss Anton sein, denn sonst hat ja niemand Zugang zu meinem
Wäscheschrank. Er holt jeden Samstag ein paar frische Stützstrümpfe aus dem Fach darunter. Vielleicht ist ihm dabei die Flasche da aufgefallen. Jetzt wird mir auch klar, warum Rita immer diese roten

Backen hat, wenn sie mit Anton alleine ist. Sie steht immer ein wenig unter Alkohol. So ist es ziemlich leicht für ihn, mit ihr das Testament zu ändern.

Mein guter Waldprophet für Anton und Rita, – ja soweit kommt's noch! Soll ich es bei der Seniorenverwaltung melden? Lieber nicht. Stellen Sie sich vor, ich beschwere mich jedes Mal wenn ein Pfleger zu nett ist! Nein, da muss ich eine andere Lösung finden.

Wenige Tage nach meinem Entschluss komme ich an einem Liebesperlenbaum vorbei. Die lila Perlen sind ja nicht besonders giftig. Aber in größeren Mengen, können sie den einen oder anderen umlegen. Ich zupfe vorsichtig die richtige Menge vom Ast, gebe sie in eine Plastiktüte und lege sie vorsichtig in meine Tasche. Ich nehme auch noch ein paar Blätter mit. Wer weiß, für was ich sie noch brauchen kann. Ich kann mich noch gut erinnern, wie meine Großmutter aus den lila Perlen, mit Vogelbeeren gemischt, Marmelade kochte. Kurz darauf starb die Mutter meines Großvaters. Früher hat man nicht lange gefackelt. Meine Urgroßmutter war eine ganz und gar hantige und machte meiner Oma das Leben ziemlich schwer. Die Polizei ist früher bei einem verstorbenen alten Menschen auch nicht aufgetaucht. Meine Oma hat ihre Schwiegermutter noch gewaschen, damit sie nicht stinkt, wenn sie vor den Hl. Vater tritt oder nach unten in die Hölle kommt. Dann hat sie ihr noch ein schwarzes Gewand angezogen, sie frisiert und mit Nivea eingecremt. So ist sie dann noch einen Tag aufgebahrt im Zimmer herumgelegen. Der Fischer Gangerl, unser damaliger Totengräber, hat dann mit seinem Pferd samt Anhänger den Sarg ins Leichenhaus gefahren. Aber das sind alte Geschichten und wenn wir mal nicht mehr da sind, weiß es keiner mehr. Vorgestern ist erst ein großer schwarzer Mercedes vor dem Heim gestanden und hat den zwidern Karl aus Nummer 17 abgeholt. Das lass ich mir eingehen. In einem Mercedes bin ich auch noch nie mitgefahren.

Rita sitzt in dem kleinen Vorgarten vor unserem Zimmer und hält ihr Gesicht in die Sonne, als ich zurückkehre. Was ist jetzt passiert, kein Fernsehen? Dann bemerke ich ein benutztes Glas auf dem kleinen Gartentisch. Jessas, er hat ein Schnapserl getrunken!

Kaum sieht sie mich, steht sie auf und schlurft zum Fernsehsessel und drückt auf der Fernbedienung herum. Ich stürze zum Wäscheschrank und fische meinen Waldpropheten hinter der Bettwäsche hervor. Tatsächlich: Es sind vier Zentimeter weniger in der Flasche. Vier Zentimeter!!!

Ich frage Rita, ob Anton sich an meiner Flasche vergriffen hat. Aber sie konnte sich nicht daran erinnern. Sie hat ferngesehen, meint sie achselzuckend. Ihre Backen glühen und das kommt nicht von „Rote Rosen", oder wie die Schmalzsendung auf dem Dritten heißt. Er hat sie wieder zwecks dem Testament getätschelt. So ein Drack, so ein verreckter.

Später kommt der Anton noch einmal vorbei und rollt Rita die Stützstrümpfe runter. Sie strahlt ihn an und er streichelt ihr über ihre roten Backen. Ich denke dabei an meine vier Zentimeter Blutwurz! Rita lacht und wackelt kokett mit ihren Zehen. Jedenfalls kann das nicht so weitergehen mit dem Anton. Der bringt sie noch um ihr ganzes Geld.

Der Liebesperlenstrauch wird aufgrund von drei Substanzen als giftig eingestuft. So steht's in meinem Buch von der hl. Hildegard: Toxine: Callicarpenal, Intermedeol und Spathulenol. Vergiftung äußert sich in Magenbeschwerden, Übelkeit und Erbrechen und dann mit dem Tod. Hauptgefahr geht von den Beeren aus, je nach Sorte unterschiedlicher Gehalt an Giftstoffen.

Von den jungen Menschen ist der Saft besser zu verkraften als von den alten. Obwohl, in der richtigen Dosis können die Perlen auch einem alten Herzen wieder auf die Sprünge helfen. Allerdings nur in Maßen genossen. Ich koche die Perlen in unserer kleinen Küche zu einem Saft. Von der Farbe her schaut er fast wie mein Waldprophet aus. Aber durch die Steinflasche sieht man sowieso nichts. Jetzt muss ich nur Rita dazu bringen, nichts von der Flasche zu trinken. Normalerweise trinkt sie nie Alkohol, aber in der letzten Zeit wohl öfter.

Anton ist heute nicht gekommen. Stattdessen ein gewisser Thomas, so ein ganz Junger, der noch nicht ganz ausgewachsen ist. Er schaut noch wie ein Hundebaby aus, wo die Beine länger sind als der Rest von seinem Körper. Und er hat Schuhgröße 45 und ist Student, der sich im Altenheim nebenbei ein paar Euro dazuverdient. Der junge Mann sagt uns jedenfalls, dass Anton sich nicht wohlgefühlt hat und nun er immer zu uns kommt. Rita sitzt schweigend vor dem Fernseher und nickt dem neuen Thomas zu, als er wieder geht.

Auch am nächsten Tag kommt Thomas. Diesmal mit einer ernsten Miene. Er müsse uns eine traurige Mitteilung machen. Den Anton gibt's nicht mehr. Er wisse nichts Genaues. Aber man hat ihn in seiner kleinen Wohnung gefunden. Rita schaltet tatsächlich den Fernseher aus und starrt aus dem Fenster. Hat sie Tränen in den Augen oder sind es nur wässrige Augen, die sie öfter mal hat? Gott sei Dank hat Rita nichts von dem Liebesperlengebräu getrunken. Sonst wäre sie ja noch vor mir in den schicken Mercedes gekommen.

Der kleine Thomas stellt sich auf jeden Fall sehr geschickt an für sein Alter, und so bin ich jetzt auch immer in der Wohnung, wenn er zu uns kommt.

Langsam gewöhnt sich auch Rita an den jungen Burschen. Er kümmert sich ganz rührend um sie, auch wenn sie ihn kaum beachtet. Irgendwann haben die beiden begonnen, sich über Wald- und Wiesenkräuter zu unterhalten. Das war das richtige Thema für Rita. Damit kennt sie sich gut aus und Thomas anscheinend auch. Er studiert Botanik, hat er zu Rita gesagt. Und Studenten sind ja bekanntlich immer pleite. Da ist er im Altenheim genau richtig – und bei meiner Rita direkt an der Quelle.

Sonst vergisst sie ja alles. Wo sie die Fernbedienung hingelegt hat, welcher Tag heute ist und was es zum Mittagessen gab. Aber nicht, wenn der Thomas kommt. Oft blättern die beiden ganz versunken in seinen Gänseblümchen-Büchern, und dann muss ich den Thomas gelegentlich daran erinnern, warum er eigentlich bei uns ist. Irgendwann bin ich dann wieder spazieren gegangen, wenn er zu uns kam. Ich störe nur, wenn sich die beiden beim Nachmittagskaffee über ihre Kräuter unterhalten.

Mir ist auch aufgefallen, dass sich der junge Herr Thomas bei uns immer wohler fühlt. Und der Rita ihre Backen glühen wie vorher beim Anton. Sie blüht richtig auf, und das meint auch unser Herr Doktor. Der glaubt sogar, dass ihr Blutdruck sich verbessert hat. Ob sie heimlich andere Mittel nimmt, will er sogar von ihr wissen. Doch Rita zuckt nur mit den Schultern und kann sich wie immer an nichts erinnern.

Sie trinken Kaffee und blättern jetzt in dem Buch mit den Bauernhortensien rum. Ob er sich mit Rita wirklich gut versteht oder ob er auch wieder so ein Erbschleicher ist? Mich schüttelt es bei dem Gedanken, dass man hier im Heim St. Edeltraud niemand mehr trauen kann. Darauf brauche ich jetzt einen Schluck Schlehenfeuer. Diese Flasche habe ich in meinem Badschrank hinter mein Haarshampoo gestellt. Den Waldprophet auch. Hinter der blauen Schachtel mit den Slipeinlagen ist er gut verdeckt. Es soll ja schließlich nicht noch ein Unglück passieren. Hier findet die Flaschen jedenfalls keiner. Ich wasche mich ja noch selber ab und brauche, wie Rita, keine Hilfe. Als ich wieder ins Wohnzimmer komme, fällt der Herr Thomas gerade von der Couch. Rita ist erschrocken und ich stürze auf ihn zu. „Thomas", schreie ich ihn an. „Jessas!" Dann steht er erstaunlich schnell auf und drückt den roten Notknopf neben der Tür. Ich lehne still an der Wand und betrachte den jungen Burschen. Merkwürdig, wie blass er ist und wie groß seine Pupillen auf einmal sind. Es tut einen Schlag und der Student liegt wie tot auf dem Laminatboden.

Eine Pflegerin und der Heimarzt knien neben unserem Thomas, der mittlerweile flach auf dem Teppichboden liegt und sich nicht mehr rührt. Unser Herr Doktor nimmt uns zwei gar nicht wahr und er schimpft und meint, dass es immer dasselbe mit den jungen Leuten ist.

„Riesige Pupillen, der ist voll mit Drogen", murmelt er und winkt zwei Männer herein, die unseren jungen Thomas abtransportieren. Rita wirkt ziemlich aufgewühlt. Sie packt den Doktor am Ärmel und jammert: „Er hat nur einen Kaffee mit Schuss getrunken, mehr nicht!" Der Doktor beruhigt sie: „Das war nicht der Kaffee. Der junge Mann hatte wohl ein ganz anderes Problem." Dann tätschelt er Ritas Hand und geht. Rita setzt sich in ihren Fernsehsessel und starrt auf den schwarzen Bildschirm vor ihr. Ich gehe ins Bad und angle meinen Waldprophet hinter dem Badeschaum hervor. Es ist nicht mehr viel drin. Rita wusste also von meinem neuen Versteck.

Rita hat sich verändert. Seit Thomas von dem schwarzen Mercedes abgeholt worden ist. Jetzt kommt das Fräulein Olga zu uns. Ein junger Mann steht leider momentan nicht zur Verfügung. Ich nenne es Vertragsbruch. Aber was sollen wir ohne Pflege machen? Also fügen wir uns. Rita lebt auf und tut gar nicht mehr so dement wie die Monate vorher. Das liegt aber nicht an der Olga. Die können wir beide nicht leiden. Sie hat jetzt eher ein neues Ziel. Mich! Seit Olga da ist, trinkt Rita nachmittags keinen Kaffee mehr. Nun soll ich ihr Gesellschaft leisten. Aber ich trinke seitdem keinen Tropfen mehr von der Flasche und eine neue habe ich noch nicht. Leider kommt dadurch mein Kreislauf kaum noch in Schwung. Rita macht auch andauernd komische Bemerkungen, als wüsste sie genau, warum die grantige Olga jetzt zu uns kommt. Und weil ich Angst habe, dass sie mir auf mein Gift gekommen ist und mich bei der Heimleitung verpfeift, traue ich mich kaum noch aus dem Haus. Aber ich muss unbedingt in die Schnapsbrennerei. Mir ist schon ganz damisch, und der Blutdruck schwankt auch.

Es ist Sommer und die Rita hat die grantige Olga zum ersten Mal überredet, mit ihr einen Kaffee auf dem Balkon zu trinken. Die Olga hat sich gefreut. Am Abend habe ich Rita gefragt, warum sie das gemacht hat, wo wir sie beide doch nicht mögen. Sie hat daraufhin nur ihren Fernseher eingeschaltet und „Dahoam is dahoam" angeschaut.

Frau Olga ist nicht mehr gekommen. Stattdessen der Herr König von der Heimleitung. Er sagt uns, dass er die Polizei einschalten wird. Wir sollen aber keine Angst haben. Man müsse einfach der Sache nachgehen. Schließlich sind ja innerhalb eines Jahres vier Pflegekräfte, die bei uns waren, von dem schwarzen Mercedes abgeholt worden. Das sehen wir ja auch ein. Sogar Rita stimmt zu. Na ja, bei ihr kann man sowieso reden, was man will. Obwohl ich mir da schon lange nicht mehr so sicher bin.

Das Gespräch mit dem Polizisten war ganz angenehm. Wir haben Kaffee getrunken und ich habe noch jedem ein Stamperl von meinem Waldprophet hinter dem Haarshampoo eingeschenkt. Der Polizist hat nichts getrunken. Nur der Herr König hat das Schnapserl in einem Zug runtergeschüttet.

Am nächsten Morgen steht der schwarze Mercedes schon wieder vor der Tür und hat Herrn König samt Blechsarg in den Kofferraum geschoben. Vor unserer Tür stehen kurz darauf zwei Männer in Jeans und zerknittertem Hemd. Sie durchsuchen unsere Zimmer. Meinen letzten geheimen Vorrat im Bad hatte der Herr König getrunken. Aber als sie unter Ritas Bett eine zweite Flasche finden, war ich etwas erschrocken. Hat sie also eine eigene Flasche mit Gift versteckt! Die beiden Polizisten nehmen die Flasche mit. Ich mache mir jetzt ernsthaft Sorgen um unseren Lebensabend im Heim – oder dann wohl eher im Straubinger Zuchthaus. Denn auf fünf Morde steht immerhin lebenslänglich. Vielleicht hätte ich die Schäkerei mit den Pflegern aushalten sollen. Jetzt ist es zu spät. Wenigstens finden sie auch die Fingerabdrücke von Rita. Und vielleicht sind wir ja auch schon zu alt für das Zuchthaus, und der Richter hat ein Einsehen mit uns.

Am nächsten Spätnachmittag sitze ich mit Rita auf dem Balkon und wir trinken gemeinsam Kaffee. Dabei ist es schon viel zu spät für einen Bohnenkaffee, weil wir sonst die ganze Nacht wach liegen. Aber sie besteht darauf und wir machen es uns gemütlich. Rita schaut mich ganz merkwürdig an und sagt auf einmal, dass sie ihre Rente nicht dafür ausgeben will, um täglich nach Straubing ins Zuchthaus zu fahren. Ich stutze und sage ihr, dass sie auch einige auf dem Gewissen hat. Der Anton, der Michael und der Heimleiter gehen auf mein Konto, die anderen auf ihres. Da lacht sie zum ersten Mal seit langem laut auf. Sie meint, sie habe ihre Flasche nur mit ihrem Stofftaschentuch angefasst. Und die Flasche, die von der Polizei mitgenommen wurde, wäre meine gewesen. So eine Matz! Wütend stehe ich auf und stelle mich vor ihr ans Balkongeländer. Ich könnte sie erwürgen. Ich drehe mich um und schau vor Wut in die Dämmerung. Ich bin die alleinige Mörderin von fünf Menschen. Das hat sie sich so gedacht, meine beste Freundin Rita. Plötzlich meint sie, es gibt noch eine Rettung für mich. Ich soll auf Psycho machen und dann bekomme ich mildernde Umstände. Vielleicht auch nur einen stationären Aufenthalt in Mainkofen. Darauf stoßen wir jetzt an. Sie holt einen Eierlikör aus dem Schub mit ihren Stützstrümpfen und schenkt uns zwei Glaserl ein. Ich merke nur noch, wie wir beide auf den Boden fallen und dann war es schwarz.

Rita hat den Waldprophet nicht überlebt. Ich lebe nun alleine in einem neuen Heim. Vom Richter habe ich eine Strafe auf Bewährung bekommen. Wegen beginnender Demenz muss ich nicht ins Gefängnis. Na ja, da hab ich noch mal Glück gehabt. Wenn es mir auch ohne Rita nicht gefällt.

Gabriele Kiesl

OA KINI ZVUI
(EIN KÖNIG ZU VIEL)

W eißt Bua, es gibt sie noch, die unheimlichen Gschichten, die man sich abends am Stammtisch erzählt. Gschichten, wo es einem eiskalt den Buckel runterläuft und man den einen oder andern Ort um sich herum auf einmal ganz anders sieht. Und genau so a Gschicht hab ich mal erlebt, und von der möcht ich da heit erzähln …"

Mein Großvater zog seine Schnupftabakdose aus der Hosentasche, klopfte sich eine ordentliche Prise auf sein Handgelenk und saugte sie geräuschvoll ein. Wenn man seinen Erzählungen Glauben schenken mochte, trieb im Jahr 1978 in meiner Heimatstadt Roding ein skrupelloser Mörder sein Unwesen. Opa bezeichnete dieses Jahr gern als eines der schrecklichsten, das er je erlebt hatte. Mal schob er es auf den strengen Winter, der die Menschen damals an eine neue Eiszeit glauben ließ, mal auf die Pille für den Mann, die seinerzeit erstmals in Deutschland getestet wurde, und ein anderes Mal einfach darauf, dass es ein Drei-Päpste-Jahr gewesen war. Erfahrungsgemäß fand er eigentlich immer einen Grund, warum eine Zeit irgendetwas Fürchterliches hervorgebracht hatte, und wenn es der gestohlene Sarg von Charlie Chaplin war, der ebenfalls in dem besagten Jahr Schlagzeilen gemacht hatte. Doch dass *er* jemals einen Mord inmitten unserer schönen Stadt dafür verantwortlich machen konnte – damit hatte selbst er niemals gerechnet. Erwartungsvoll sah ich ihn an, als er die Reste des Schnupftabaks mit einem Taschentuch von seinen Nasenflügeln wischte. Er seufzte. „Ach, hätt ma den Preißn doch nie zum Böhmisch Watten aufgefordert!"

Ich zog meine Augenbrauen hoch. „Was denn für einen Preißn?"

„Maximilian, so hat er sich gschwollnerweis vorgestellt, hat er ghoaßn und eigentlich war er ja aus Oberbayern. Doch a Preiß wars trotzdem! Jedenfalls ist er eines Abends ins Wirtshaus gekommen und hat sich mutterseelenalloa gegenüber vo unsam Stammtisch hingesetzt. Uns wären beinah die Karten aus den Händen gfallen, als wir ihn angschaut ham. Ozong war der – des glaubst net." Er schüttelte den Kopf. „Zuerst ham mas ja net genau gseng, aber dann, als er den langa schwarzn Mantel auszogn hat, hätts uns beinah zrissn."

Ich legte meine Stirn in Falten.

„A Kniebundhosen hat a oghabt und de is in seine Stiefel dringsteckt. Obnrum hat a sowas wia a Uniformjackn oghabt ..."

„Was denn für a Uniform?"

„Koa Ahnung, wo er de ausgrabn hod, jedenfalls hat er quer über da Brust aa no a rote Schärpn trogn. Wia a Kasperl hat a ausgschaugt."

„War des zur Faschingszeit?"

„Ach, Krampf, nix Fasching. A Depp wars hoid." Er winkte ab. „Dem hätt nur noch a Ordenskettn gfehlt, dann war as gwen ..."

Bevor ich eine Frage stellen konnte, sprach er aufgeregt weiter.

„Jedenfalls ham ma gscheid über ihn lachen müssn, und als er auf den Abort ganga is, ham ma ausgheckt, dass wir ihn an unsren Tisch zum Kartln einladen solltn. Da Holzer Hans hat sowieso heim zu seiner

Alten müassn und uns hätt dann einer zum Kartln gefehlt. Woaßt ja, wias is, uns war halt langweilig und da is uns *der* grad recht kemma."

Ich schenkte meinem Großvater ein Weizen ins Glas und spornte ihn an. „Ja und? Hat er dann mitgespielt?"

Er nickte. „Na ja, sag ma mal so. Probiert hat ers halt!" Er nahm den ersten Schluck vom Weizen und wischte sich den Schaum vom Mund. „Den andern hats zuerst nicht recht passt, dass a das Böhmische Wattn nicht können hat, aber als's mitkriegt ham, dass a an Haufen Geld dabei ghabt hat, warens' plötzlich anderer Meinung."

„Mit wem hast denn an dem Abend gspielt?"

„Mitm Metzger – dem Santner Beppo und am Singerer Sepp. Da Hans is ja eher heim."

„Und dann?"

„Dann ham man halt a wengerl verarscht. Stell da vor, der Hanswurst hat net amoi gwusst, was a Sau für a Spielkartn is!" Großvater schlug sich vor Lachen auf den Oberschenkel.

Ich schenkte mir ebenfalls ein Weißbier ein, schnappte mir eine Breze aus dem Brotkorb und war gespannt, wie die Geschichte weitergehen würde. Je mehr er auf den Mann mit der Uniform einging, desto mehr verstand ich, wem der Fremde ähnlich sehen wollte. Er war wohl ein großer Fan von unserem König Ludwig II. Bis ins kleinste Detail hatte er versucht, ihn zu kopieren. Sogar seine Frisur glich dem König von Bayern wortwörtlich „bis aufs Haar". Ein strenger Scheitel teilte sein dunkles Haar wellig bis hinab zu den Ohren.

„Dass a sich so auf d' Straßn traut hat – da muasst da echt an Kopf glanga!" Großvater tippte sich auf die Stirn. „Jedenfalls hat er ununterbrochn gredt. Angfangen hat er – wie alle Preißn halt – mit dem Märchenschloss. Wia ein Lehrer in da Schul hat er uns oiss Bsonderne über Schloss Neuschwanstein erzählt. Danach hat er von de wunderschöna Gewänder angfangen, und wie gut da Kini doch in dene ausgschaut hat und so weiter. Jedenfalls war der Beppo langsam von seinem blöden Dahergred gnervt!"

Ich nickte, denn das konnte ich mir nur zu gut vorstellen. Während nämlich der Sepp und der Kare ruhige und ausgeglichene Zeitgenossen waren, war der Beppo eher das, was man einen Hitzkopf nannte. Hinzu kam auch noch, dass Beppo … wie sagt man doch gleich? … nicht ganz gscheit war. Ob ihn sei Mutter als kloans Kind mal hat fallen lassen, oder ob der Vater bei seiner Erzeugung net ganz nüchtern war, des weiß ich net. Jedenfalls bemerkt man spätestens beim Einkauf in seiner Metzgerei, dass in seinem Oberstübchen nicht alles stimmt. Ich erinnere mich, wie er mal mit verbundenen Fingern hinter der Wursttheke stand und seine Verletzung damit erklärt hat, dass ihm noch a bisserl was zu seinem Wurstbrät gefehlt hätte. Jedenfalls machte es einem sein Geisteszustand nicht einfach, und schon gar nicht, wenn man ihn gereizt hat.

„Jedenfalls hat der Preißnkopf dann davo angfangen, dass unsa Kini damals von ganz alloa ins Wasser gangen is, weil ihm sei Volk nimma mögn hat!"

Ich schlug meine Hände zusammen. „Du lieber Gott, und des zum Beppo?" Ich konnte mir nur zu gut vorstellen, wie Beppo darauf reagiert hatte. Immerhin war er ein strenger Königstreuer und würde diese Behauptung sicher nicht auf sich und dem bayerischen Volk sitzen lassen. „Oh leck, da Beppo is bestimmt total ausgrast, stimmts?"

„Des glaubst! Aufgsprunga is a, gleich a so, dass er an Stuhl umgschmissn hat. Am Krawatterl hat an packt und zuadraht! Der Preiß is gleich blau anglaufn, doch da Hias, der Wirt, is ihm dann zur Hilfe kommen."

„Bluadige Hennakröpf, bei euch is abganga …!", lachte ich begeistert.

„Nach einer Weil hat da Beppo sich wieder beruhigt."

Ich staunte. „Habts ihr dann noch weitergspielt?"

„Freilich. Nachdem des Gerede dann auch noch dem Sepp zu blöd gworn is, hat da Wirt sein Blatt übernommen. Der Beppo hat dem Preißn, der auch gehen wollt, gsagt, dass man bei uns bis zum Schluss spielt und sich net vorher verpissen kann. Da hat der Maximilian sauber weiter seine Kartn in den Händn ghalten. Zitternd freilich, vor Angst!", lachte Opa schallend. „A bisserl schadenfroh hat der Preiß zum Schluss aber trotzdem gschaut, als a gwonnen hat!"

„Was? Der hat gwonnen? Wie des?"

„Nicht wie, sondern mit was? Der Depp hat nämlich zum Schluss an Max ghabt!"

„Wen?"

„Na, an Kini. Also ich mein, an Herz-König." Großvater schüttelte den Kopf.

„Ja, ich weiß scho – ich kenn mich da halt nicht so gut aus. Du weißt doch, dass ich kein Kartler bin."

„Traurig, aber wahr, Bua. Traurig, aber wahr …"

„Okay, dann hat er also den Max ghabt, und dann?"

„Na nix, und dann … mit am Herz-König stichst halt einfach alles. Verstehst?"

Ich verstand.

„Jedenfalls hat der Sauhund dadurch a no a wenger a Geld gwonnen. Kein Mensch hätt denkt, dass der Hammel des Spiel am End doch no versteht. Auf jeden Fall ham ma ganz schön blöd gschaut, und da Wirt hat vor lauter Wut sein Trachtenmesser aus der Lederhosn gezogn und auf den Max am Tisch eingstochn, dass gleich das Messer steckn bliem is."

„Du meinst jetzt schon den Herz-Kini, oder?"

„Ja freilich, wen denn sonst?"

„Pfiati Gott, ich hab mir schon gedacht, dass er auf den Preißn eingstochn hat!" Ich fasste mir vor Schreck ans Herz. „Doch eins versteh ich bei der ganzn Sache immer noch nicht … wolltst du mir nicht a unheimliche Gschicht von am Mord erzähln?" Ich schenkte Großvater nach. „Also red schon: Was hat ein depperter Preiß und sein Stich beim Kartln mit einem Verbrechn zu tun?"

Mein Großvater setzte sich aufrecht hin und kam so nah mit seinem Gesicht an meins, dass ich sogar seinen Schnupftabak riechen konnte. „Das war ja noch nicht alles. Stell dir vor – den Maximilian, den habens nämlich am nächsten Tag tot im Sierersee gfunden!"

Mir blieb die Spucke weg. „Was? In unserm See, unten am Esper?"

„Ganz genau!" Großvater lehnte sich wieder zurück und unterstrich durch dramatisches Kopfnicken seine Erzählung.

„Erstochen?" Ich schluckte.

„Na ... halt dich fest: der is wie unsa Kini dasuffa!"

Ich trank einen kräftigen Schluck Weizen. „Der wird halt bsuffa gwesn sei, gell?"

Großvater schüttelte den Kopf. „Na, der Rechtsmediziner hat gsagt, dass' ein Mord gwesn sei muss. Den armen Kerl hat jemand so lang unters Wasser druckt, bis er koan Schnauferer mehr do hat!"

Erneut setzte ich mein Weizenglas an. „Und wer hat *den* dann umbracht?"

„Des habens' nie rauskriegt, aber ich denk, des werd entweder da Beppo gwesn sei, wegen dem ganzn dummen Gerede um an Kini. Oder da Hias, der Wirt, weil der hat sich sogar de erstochene Maxkartn aufghebt!"

Ich musste an den Bierkrug denken, der wie eine Trophäe über dem Ausschank im Wirtshaus am Marktplatz thronte und in dem ein Trachtenmesser mit einer aufgespießten Spielkarte steckte. Als kleiner Bub wirkte das auf mich originell und angsteinflößend zugleich.

Großvater stand auf. „Is schon komisch, dass genau da, wo der arme Deife sei Leben ausghaucht hat, seit ein paar Jahren a Gedenkkreuz fürn Kini steht. Mitten im Wasser erinnerts an unsern König Ludwig II. und auch irgendwie an den kostümierten Preißn von früher!" Er stellte sein Glas laut scheppernd auf die Tischplatte. „Aber jetzt geh ich besser heim. Wer weiß, wer da draußn alles rumrennt!", flachste er.

Ich zog meinen Autoschlüssel aus der Hosentasche. „Geh, Schmarrn, ich fahr dich!"

Das war das letzte Mal, dass ich meinen Großvater nach Hause brachte. Noch in derselben Nacht ist er friedlich in seinem Bett eingeschlafen. Als ich ein paar Tage nach seiner Beerdigung seine Wohnung ausräumte, fand ich etwas unter seiner Matratze, das mir den Atem raubte. Zuerst dachte ich noch, es wäre nur eine Krawatte, doch als ich erkannte, dass es sich dabei um eine rote Schärpe handelte, blieb mir fast das Herz stehen. Vielleicht war das ja nur reiner Zufall, oder es ging gerade meine Fantasie mit mir durch. So oder so – ich hatte plötzlich das dringende Bedürfnis, in Großvaters Stammlokal, das Wirtshaus vom alten Hias, zu gehen. Mittlerweile führte das Gasthaus zwar längst sein Sohn, aber ich wusste, dass er und manchmal auch der Beppo noch heute am Stammtisch saßen und über Gott und die Welt debattierten.

Als ich die Gaststube betrat, bot sich mir mit Sicherheit ein ähnliches Bild, wie damals dem Mordopfer Maximilian. Hias, Beppo und zwei andere Männer, die ich nicht kannte, spielten Karten. Ob es Böhmisch Watten oder Schafkopf war, konnte ich nicht beurteilen. Aber die vier waren voll in Fahrt, klatschten eine Karte nach der anderen energisch auf die Tischplatte und fluchten. Eigentlich ein Bild wie zu meinen Kindheitstagen, nur mit dem Unterschied, dass heute keine Zigarettenqualm-Schwaden durch die Stube zogen. Wie es der Teufel will, stach, gerade, als ich näher an den Stammtisch trat, der alte Beppo mit einem Herz-König das Blatt von Hias. Schnell wie ein Junger zog er ein Messer aus dem Besteckkrug und stach auf die Karte ein. Natürlich war das Messer viel zu stumpf, als dass es im Tisch steckengeblieben wäre; aber so, wie die Männer lachten, war es wohl sowieso eher eine symbolische Geste vom Seniorwirt gewesen. Als sie mich bemerkten, sahen sie mich fragend an. „Tut mir leid um deinen Opa. War a sauberer Kerl!"

„Da bin ich mir nimmer so sicher!" Ich zog die rote Schärpe aus meiner Hosentasche und legte sie auf den Tisch.

Wortlos starrten die beiden Männer darauf. Plötzlich fing Beppo hysterisch zu lachen an. „Ja verreck. Wo hast denn die her?"

„Die hab ich heut unterm Opa seiner Matratzen gfundn!"

„Na und?" Hias sah mich mit drohendem Blick an.

Ich fasste meinen ganzen Mut zusammen. „Weißt, mei Opa, der hat ma kurz vor seim Tod alles vo damals erzählt. Ich glaub, er hat den Preißn umbracht!"

Sekundenlang herrschte absolute Stille. Bis Beppo das Wort ergriff: „Des stimmt doch gar net!" Er lachte schallend und grunzte dabei wie eine seiner Säue beim Abschlachten, „Des waren ..."

„Halts Maul, du Depp!" Hias schlug energisch mit der Faust auf den Tisch.

Fassungslos sah ich sie an.

Hias stand auf und zog Beppo unsanft mit sich. „Mia kemma glei wieder!", sagte er zu den anderen beiden Männern am Tisch und forderte mich auf: „Los, komm mit!"

Ich folgte den beiden wortlos hinaus auf den Flur und anschließend hinab in den Bierkeller. Mir wurde mulmig zumute. Irgendetwas stimmte hier ganz und gar nicht.

Unten vor den hölzernen Bierfässern blieb Hias stehen und trat dicht zu mir heran. „Des, was ich dir jetzt sag, bleibt bis ans End deiner Tage unter uns, verstandn?" Seine dunkelbraunen Pupillen leuchteten wie zwei glühende Teerklumpen.

Ich nickte.

„Was damals geschehen ist, war nichts als ein schreckliches Unglück!" Er machte eine kurze Pause, bevor er weitersprach. „Mein alter Freund hier", er drehte sich zu Beppo, „mag ja vielleicht nicht der Hellste sein, aber gemeingefährlich, das ist er nicht."

Ich zuckte irritiert die Schultern.

„Als der Preiß damals nach dem Kartenspielen das Wirtshaus verlassen hat, ist ihm der Beppo nach, weil er ihn zu einer Revanche überreden wollt. Was dabei genau passiert ist, wiss ma bis heut net. Der Beppo hat nur gmeint, dass er dumm dahergredt hat und er ihn darauf gschubst hat. Na ja, und was der Beppo für a Kraft hat, wenn er einen schubsen tut, des brauch ich dir ja nicht sagn! Jedenfalls is der Preiß einfach am Bodn liegnbliebn."

Beppo begann aufgeregt mit seinem Oberkörper hin und her zu wippen. „Liegenblieben. Ja, liegenblieben is er …"

Hias packte mich an den Schultern. „Dein Opa und ich haben danach beschlossen, dem Beppo zu helfen, haben den Preußen zum Esper runtergetragen und ins Wasser gschmissen."

Plötzlich hallten Großvaters Worte in mir nach. Fassungslos stammelte ich: „Aber, da Opa hat gsagt, dass der Preiß ertrunkn is!"

„Ertrunken. Ja, ertrunken is er …!", bestätigte Beppo wippend.

Hias Blick ging ins Leere. „Mein Gott, wir haben doch gemeint, dass er schon tot war …!"

Ich schluckte.

„Und wenn dei Opa – Gott hab ihn selig – die Schärpe net aufghoben hätt, dann hätt ma unser Geheimnis einfach mit ins Grab genommen. Weißt, des is halt alles saublöd gluffa. Der Preiß, der war halt oafach oa Kini zvui!"

Völlig unfähig, auch nur irgendetwas dazu zu sagen, saß ich kurze Zeit später am Stammtisch und sprang für einen der anderen Männer beim Kartenspiel ein. Was soll ich sagen? Den Herz-König habe ich an diesem Abend zwar nicht gezogen, aber Böhmisch Watten kann ich seitdem allemal.

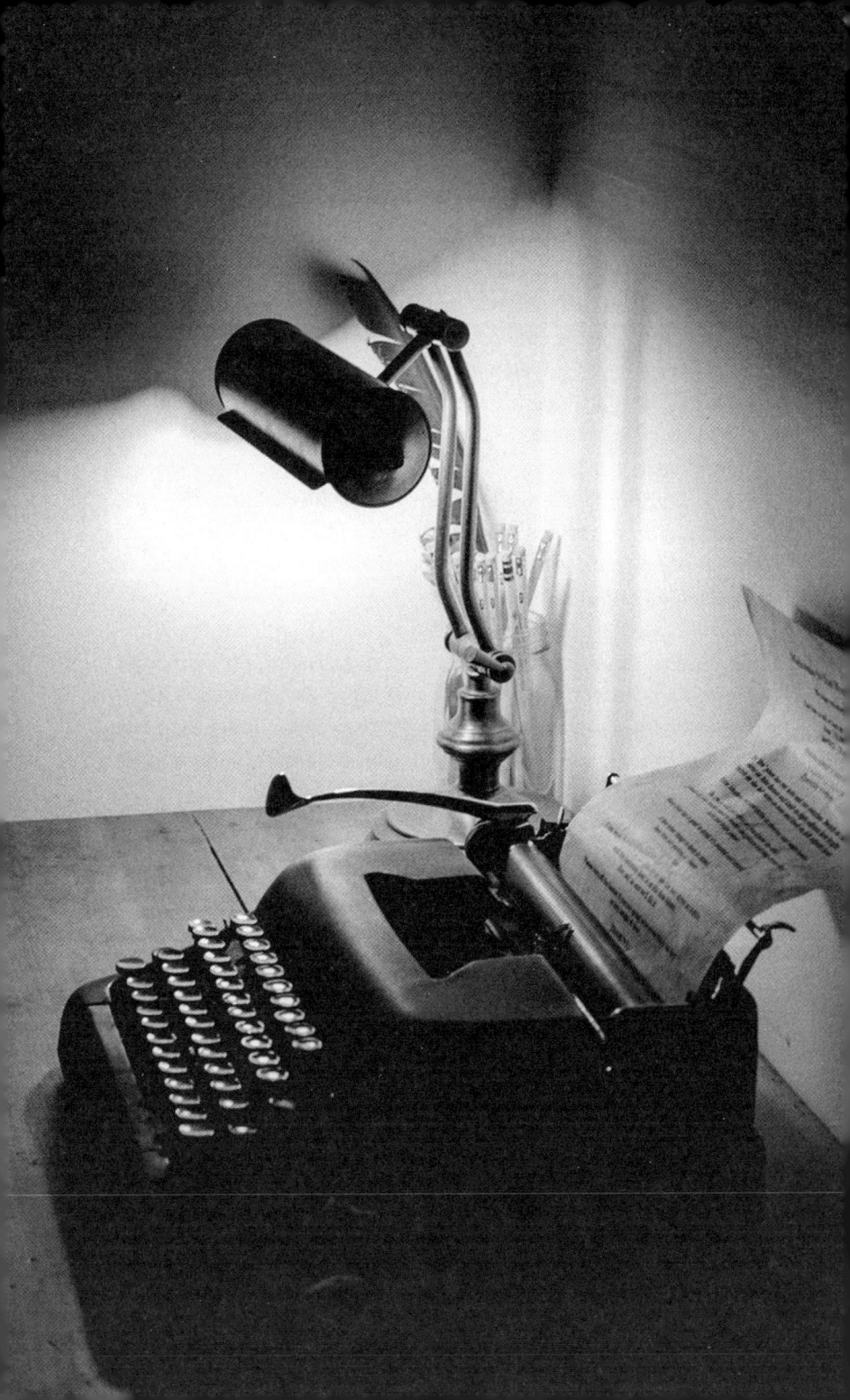

Julia Kathrin Knoll

DEADLINE

Mörderisch … mörderisch … mörderisch …
Wie ein Mantra zuckt es durch meine Gedanken, während
ich angespannt auf den Bildschirm meines Laptops starre.
Nervös klopfen meine Finger auf dem Schreibtisch herum, der Blick
schweift ab, durchs Fenster in die traumhaft schöne Landschaft, die
sich vor mir erstreckt. Über Nacht hat es noch einmal geschneit, ein
glitzernd weißer Mantel hat sich über Sankt Englmar gelegt. Die Ski-
fahrer werden sich freuen!

Sofort hoppeln die muntersten Plot Bunnies durch mein Gehirn:
verliebte Blicke im Sessellift, leidenschaftliche Begegnungen beim
Après-Ski, kuschelige Romanzen vor knisterndem Kaminfeuer …

Nein, nein, nein!, rufe ich mich selbst zur Ordnung. Mörderisch!

Frustriert starre ich wieder auf das leere Word-Dokument vor mir.
Wie konnte ich mich nur auf dieses Projekt einlassen?

Ich bin Autor von kitschigen Liebesromanen und erotischen Kurzgeschichten. Von einem verheirateten Mann Anfang Vierzig mit einer

bezaubernden Ehefrau und zwei entzückenden Kindern will allerdings niemand so etwas lesen, sagt Sandra, meine Lektorin. Ich schreibe deshalb ausschließlich unter weiblichem Pseudonym. Aber ich solle endlich einmal etwas Neues ausprobieren!, sagt meine Lektorin. Meine harte, männliche Seite zeigen. Mich nicht mehr verstecken und endlich etwas Authentisches zu Papier bringen.

Deshalb hat sie mich auch zu diesem Krimi-Projekt überredet. Am besten schön blutig solle die Geschichte sein, so etwas kommt an bei den Lesern, sagt sie. Schön blutig, pah! Ich mag noch nicht mal mein Steak schön blutig!

Schnaubend stehe ich vom Schreibtisch auf, trete an die Balkontür und blicke nach draußen. Der Schnee im Garten funkelt im Sonnenlicht wie Diamantenstaub, kein Wölkchen ist am strahlend blauen Himmel zu erkennen. Ich kann von hier aus den Skilift sehen, der zahlreiche Urlauber zur Piste bringt, und wieder explodieren tausend Ideen für schmalzige Romanzen in meinem Kopf.

Wie soll ich in dieser Idylle nur auf mörderische Gedanken kommen? Dabei ist meine Frau mit den Kindern extra zu ihrer Mutter gefahren, damit ich zuhause meine Ruhe habe und ungestört Inspiration finden kann. Doch seit Tagen lässt mich die Muse nun schon kläglich im Stich. Keine einzige Zeile habe ich bisher zu Papier gebracht – und die Deadline für diese dämliche Krimi-Novelle ist schon in drei Tagen.

Knirschend presse ich die Kiefer aufeinander und verfluche innerlich Sandra, weil sie mich zu diesem Unsinn überredet hat. Männliche Seite! Pah! Wofür hält die sich eigentlich? Und wofür hält sie mich? Nur, weil ich vielleicht ein bisschen sensibler bin als die meisten Männer, den Müll rausbringe und die Spülmaschine ausräume, bin ich ja wohl noch lange kein Weichei! Okay, ich habe bei „Titanic" vielleicht die eine oder andere Träne im Augenwinkel zerdrückt, ich grusle mich bei Horrorfilmen und kuschle liebend gerne mit meiner Frau auf der Couch, bei Kerzenlicht und klassischer Musik. Aber das heißt doch nicht, dass ich keine männliche Seite habe! Und nur, weil ich üblicherweise mein Geld mit schmalzigen Groschenromanen verdiene, bin ich keineswegs weichgespült.

Wäre doch gelacht, wenn ich so einen dummen Krimi nicht auf die Reihe kriegen würde!

Hochmotiviert setze ich mich wieder an den Schreibtisch, versuche, an durchgeknallte Psychokiller, grausige Serienmörder und atemberaubende Verfolgungsjagden zu denken. Aber mein Kopf ist plötzlich wie leer gefegt, und hinter dieser rauschenden Leere höre ich Sandras aufdringliche Stimme: *richtig schön blutig!*

Angewidert wende ich mich vom Schreibtisch ab, springe auf, laufe ein paar Schritte durch das Zimmer, nehme schließlich mein Handy zur Hand, das ich auf lautlos geschaltet habe, um mich besser konzentrieren zu können.

Drei verpasste Anrufe und zwei WhatsApp-Nachrichten. Die drei Anrufe sind alle von Sandra. Verdammt! Bestimmt will sie wissen, wie weit ich mit dem Projekt bin. Nervös öffne ich WhatsApp.

Hey, Thorsten, wie geht's? Sprudeln die Ideen?, schreibt Sandra. Und dazu ein Messer-Emoji.

Sehr witzig! Übellaunig öffne ich die zweite Nachricht. Sie ist von meiner Frau und enthält ein Foto meiner beiden Töchter, die gerade das Pony meiner Schwiegermutter füttern. Na, wenigstens haben die beiden Spaß! Ich schicke ein Herzchen zurück und erhalte einen Kussmund als Antwort.

Deutlich aufgemuntert will ich das Handy in die Hosentasche schieben, als plötzlich Sandras Name auf dem Display aufleuchtet. Mein Herz macht einen erschrockenen Hüpfer. Scheiße! Ich habe eindeutig keine Lust, ausgerechnet jetzt mit ihr zu reden, versuche, sie einfach wegzudrücken, erwische aber in der Aufregung den falschen Knopf. Dämliches neues Smartphone! Ich werde diese Dinger nie richtig durchschauen.

Schon dröhnt Sandras viel zu schrille Stimme aus dem Lautsprecher: „Thorsten? Hallo?"

Mir bleibt nichts anderes übrig, als das Telefon vor mein Gesicht zu halten und mit ruppiger Stimme zu antworten: „Ja?"

„Thorsten, ich wollte nur mal fragen, wie weit du mit dem Krimi bist", flötet Sandra geradezu abstoßend gut gelaunt in die Leitung.

„Hmmm …", brummele ich. „Geht schon."

„Ich bin ja so gespannt!", kreischt sie aufgeregt. „Und denk dran: richtig schön blutig, ja?"

„Klar …"

„Spann mich doch nicht so auf die Folter! Worum geht's denn? Wenigstens mir kannst du doch ein bisschen was verraten!"

„Ähhm …" Ich spüre, wie ich rot werde, was Sandra zum Glück nicht sehen kann. Lügen war noch nie meine Stärke. „Mörder auf der Skipiste", improvisiere ich und blicke wieder nach draußen. „Ziemlich … ähhh … krasse Sache."

„Wunderbar!", ruft Sandra ins Telefon und ich halte das Gerät entnervt ein Stück von meinem Ohr weg. Ihre schrille Stimme fand ich schon immer unerträglich. Eigentlich ist sie eine recht attraktive Frau mit kurzen blonden Haaren, endlos langen Beinen und Kurven an genau den richtigen Stellen. Aber diese Stimme – grauenvoll!

Und nun kichert sie auch noch wie ein kleines Mädchen. „Na ja, dann will ich dich mal nicht länger stören", sagt sie. „Ich bin froh, dass du endlich den Badboy in dir entdeckt hast! Das können wir super vermarkten! Frauen stehen total auf sowas!" Sie kichert erneut.

Kopfschüttelnd lege ich auf und werfe das Handy auf den Schreibtisch. Badboy! Was bildet sich die dumme Kuh eigentlich ein?

Nach diesem Gespräch brauche ich jedenfalls erst mal einen Drink. Wütend stapfe ich hinunter in die Küche, gieße mir ein Glas Whisky ein und stürze es in einem Zug hinunter. Beim zweiten Glas fällt mir ein, dass ich seit dem Frühstück nichts mehr gegessen habe. Und es ist schon halb vier!

Der Alkohol haut ganz schön rein auf nahezu nüchternen Magen. Und Appetit habe ich plötzlich auch. Der Inhalt des Kühlschranks verspricht jedoch nicht gerade ein Festmahl: ein angebrochenes Glas

Marmelade, zwei Eier, denen ich misstraue, weil ich mich nicht erinnern kann, wie lange sie schon hier drin stehen. Und im Gemüsefach eine Salatgurke und einige Zwiebeln.

Ich habe keine Lust einzukaufen, also muss es eben Gurkensalat mit Zwiebeln sein. Im Vorratsschrank finde ich auch noch eine Dose Ravioli. Ein echtes Männeressen! Gar keine so schlechte Ausbeute also, wenn man bedenkt, dass ich ja gerade meine maskuline Seite entdecken soll …

Triumphierend ziehe ich ein Gemüsemesser aus dem Besteckfach und beginne, Gurken und Zwiebeln zu schneiden. Aufkommende Tränen unterdrücke ich dabei tapfer. Während ich das Gemüse malträtiere, stelle ich mir vor, wie es sich wohl anfühlen würde, das Messer stattdessen in einen lebendigen Körper zu rammen. Wie es durch die Haut hindurch ins Fleisch dringt, Muskeln und Sehnen zerschneidet, und wie langsam das Blut hervorquillt … Irgendwie muss man als Autor so einen Mord ja auch beschreiben können. In den Mörder hineinversetzen muss man sich, jawohl! Krampfhaft überlege ich, wer meinem literarischen Mord wohl zum Opfer fallen könnte. Vielleicht unser Nachbar, der sich immer beschwert, dass einer unserer Apfelbäume in seinen Garten hineinragt? Oder einer der zahlreichen Touristen, die Sankt Englmar so penetrant bevölkern? Wenn ich es mir recht überlege, dann mag ich die Touristen eigentlich nicht. Laut sind sie und ihren Müll lassen sie überall liegen, diese Umweltverschmutzer! Ja, Umweltverschmutzer kann ich definitiv nicht leiden! Ich umklammere das Messer fester, spüre geradezu, wie mich eine Welle mörderischer Inspiration überrollt, als es plötzlich an der Tür klingelt. Na toll!

Missmutig über die Störung, das Messer immer noch in der Hand, trotte ich in den Flur und öffne die Haustür. Es ist Sandra, ausgerechnet!

„Hey, Thorsten!", flötet sie mir mit ihrer unerträglich guten Laune entgegen und schiebt sich an mir vorbei ins Haus, ohne eine entsprechende Einladung abzuwarten.

War sie eigentlich immer schon so aufdringlich? Stirnrunzelnd schließe ich die Tür hinter ihr und werfe einen missbilligenden Blick auf ihre hochhackigen Stiefel, die feuchte Abdrücke auf dem Parkett im Flur hinterlassen. Sie macht dennoch keine Anstalten, sie auszuziehen. Was für eine unhöfliche Person!

Sie bemerkt meinen Ärger nicht, sondern plappert munter weiter: „Weißt du, ich wollte einfach mal schauen, wie es dir so geht. Du hast so komisch geklungen, am Telefon! Und ich hatte eh gerade einen Termin in der Gegend, gleich um die Ecke. Wie kommst du denn voran mit der Mordgeschichte? Du übst wohl schon fleißig, heh?" Ein Kichern unterbricht ihren Redeschwall, während sie auf das Messer in meiner Hand blickt.

Ich tue ihr nicht den Gefallen, über ihren albernen Witz zu lachen, sondern knurre nur: „Ich wollte mir gerade was zu essen machen!" Ohne sie weiter zu beachten, stapfe ich in die Küche zurück, aber natürlich folgt sie mir.

„Dir ist bewusst, dass die Deadline schon in drei Tagen ist, nicht?", fragt sie, plötzlich ungewohnt ernst. Offenbar nimmt sie mir meine Ausreden nicht ganz ab. „Mann, dieses Krimi-Projekt, das ist deine Chance! Ich verstehe überhaupt nicht, warum …"

„Verdammte Scheiße, hör doch endlich mal mit diesem dämlichen Krimi-Projekt auf!", unterbreche ich sie, und der ganze Frust der letzten Tage entlädt sich in einem unkontrollierten Zornesausbruch. Wild fuchtele ich mit dem Messer in der Luft herum und stelle mir plötzlich vor, es ihr tief in die Kehle zu rammen, nur um ihr elendes Gequatsche nicht mehr hören zu müssen. So richtig schön blutig, jawohl!

„Merkst du eigentlich noch, wie sehr du mir mit diesem Kram auf die Nerven gehst?", brülle ich stattdessen. „Ich bin ein Schnulzen-Autor, zum Teufel! Und wenn dir das nicht passt, dann such dir doch einen anderen Idioten für dein Projekt!"

Atemlos starre ich sie an, plötzlich erschrocken über meinen eigenen Ausbruch. Mein Gott, habe ich gerade im Ernst meine Lektorin mit dem Messer bedroht? Nein, natürlich nicht. Ich wollte doch nur … Oder doch? Angewidert will ich das Ding in die Spüle fallen lassen, aber plötzlich steht Sandra ganz dicht neben mir und legt ihre Hand auf meinen Arm.

„Oh, Thorsten, du bist wahnsinnig sexy, wenn du so wütend bist!", haucht sie mir ins Ohr und ich erstarre zur Eisskulptur. Was hat sie da gerade gesagt? Das muss ein schlechter Scherz sein!

Doch sie blickt mich mit großen Augen an, rückt noch ein wenig näher und streicht mit ihren Fingern leicht über meinen Arm. Sie ist mir so nahe, dass ich ihren warmen Atem auf der Wange spüren kann, ihre Körperwärme streift sanft meine Haut, und eine prickelnde Hitze steigt in mir auf. Du lieber Himmel, was passiert hier gerade? Ich kann die Frau nicht einmal leiden!

Dennoch wehre ich mich nicht, als ihre Hand langsam über meine Schulter in meinen Nacken gleitet und meinen Kopf behutsam zu sich herabzieht. Ihre vollen, kirschroten Lippen sind nur noch Millimeter von meinen entfernt, unsere Atemzüge berühren einander bereits. Wie in Trance beobachte ich, wie sich ihr Mund öffnet, und dann … Mein Gott, ihre Lippen schmecken so unglaublich süß, ihre Zunge erobert meinen Mund, ihre Finger sind plötzlich überall, unter meinem Hemd, an meinem Gürtel …

Ich muss verrückt sein, ich bin verheiratet, ich bin nicht der Typ für so etwas! Aber ihre Berührung fühlt sich so wahnsinnig gut an! Mein ganzer Körper scheint zu vibrieren, schon lange habe ich so etwas nicht mehr empfunden. Mit einem Hunger, von dem ich gar nicht wusste, dass ich ihn überhaupt verspüre, ziehe ich sie an mich. Und dann fühle ich plötzlich ihre Brüste unter meinen Händen, schwer und fest. Hastig streife ich ihr die Bluse ab, während sie sich an meiner Jeans zu schaffen macht, und das Verlangen bringt mein Blut zum Kochen und meine Haut zum Glühen. Ein Ächzen entringt sich meinen Lippen, doch Sandra versiegelt sie mit einem Kuss. Längst ist mir alles egal, ich will nur noch diese Küsse spüren, diese Finger auf meiner Haut, diesen Körper an meinem.

Aneinandergekrallt sinken wir auf den Küchenboden, und ich vergesse alles um mich herum.

Eine Stunde später sitze ich immer noch dort, auf dem Fußboden der Küche, meine Kleider wild um mich herum ausgebreitet. Sandra ist längst fort. Ohne ein Wort zu sagen, hat sie ihre Klamotten gepackt und ist gegangen, und ich bin ihr dankbar dafür, dass sie wenigstens einmal die Klappe halten konnte.

Mein Kopf dröhnt, und obwohl ich gerade wahnsinnig leidenschaftlichen Sex hatte, dessen Nachwirkungen noch immer durch meine Nervenbahnen zucken, fühle ich mich elend. Was habe ich nur getan?

Ich hätte doch zum Messer greifen sollen, denke ich mit bitterer Ironie, die eigentlich so gar nicht zu mir passt. Dann hätte ich jetzt wenigstens eine Vorlage für meinen Krimi, anstatt wieder nur ein drittklassiges Erotik-Drama.

Wobei: Wenn meine Frau von der Sache mit Sandra erfährt, dann bringt sie mich garantiert um! Und zwar so richtig schön blutig!

Karen Königsberger

BEICHTE

In Reue bekenne ich meine Sünden.

Anna Hölzl zuckt zusammen, als die schwere Tür des Seitenportals hinter ihr ins Schloss fällt. Das Geräusch bricht sich an den riesigen Gewölben des gotischen Kirchenbaus und stört die weihevolle Ruhe nachdrücklicher und länger, als sie gedacht hätte. Auf ihren Stock gestützt lauscht sie mit eingezogenem Kopf dem sakralen Echo hinterher. Wie so oft beschleicht sie das schlechte Gewissen.

Denn die alte Frau hat die Stiftsbasilika zu den Heiligen Martinus und Kastulus in Landshut nicht betreten, um zu beichten. Draußen hat es dreißig Grad und auf der Suche nach einem schattigen Plätzchen schieben sich Massen von Menschen zu wummernder Musik durch die Altstadt. Hier drin ist es dagegen angenehm kühl. Und still. Und leer. Hier will sie nur ein wenig verschnaufen, bevor sie wieder zu ihrem Mann zurück muss. Der hat sich, wie immer zum Altstadtfest, mit seinen Kegelbrüdern verabredet. Und wie immer wird er nach der fünften oder sechsten Maß Bier jemanden brauchen, der

119

ihn in den richtigen Bus nach Hause hievt – dafür hat er seine Frau mitgenommen. Am Biertisch kann er die aber nicht brauchen und deswegen hat Anna Hölzl jetzt noch mindestens zwei Stunden frei.

Mit unsicheren Schritten wendet sie sich nach links, ihr Blick wandert über die Reihen der leeren Bänke. Platz wäre mehr als genug, die alte Frau ist vollkommen allein in der Kirche. Aber sie hatte gehofft, eine etwas bequemere Sitzgelegenheit zu finden als die harten Kirchenbänke – sie ist schon den ganzen Tag auf den Beinen und ihr Rücken macht sich auch langsam bemerkbar.

Ausruhen! Vor Anna Hölzls innerem Auge steht unvermittelt das Bild ihrer längst verstorbenen Mutter: Hochgeschlossene, dunkle Kleidung, strenge, verhärmte Züge, vorwurfsvoller Blick. Ein so profanes Anliegen wie Rasten hätte sie für einen Kirchenbesuch niemals geduldet. Beten, beichten, büßen – das war das Credo ihrer Erziehung gewesen, schon als der Vater noch zu Hause gewesen war und erst recht, wie er in den Krieg hat müssen. Nach dem Motto „Viel hilft viel" knieten die Mutter und ihre vier Kinder seitdem mindestens dreimal am Tag vor dem häuslichen Kruzifix und baten den lieben Gott um die Rückkehr des Familienoberhauptes.

Ein Lichtstrahl fällt durch die Glasmalerei in einer der Seitenkapellen. Laut der Beschriftung ist dort das Martyrium des heiligen Kastulus dargestellt. Schaudernd betrachtet Anna Hölzl den gequälten und entsetzten Ausdruck im Gesicht des Heiligen – und stutzt. Sehr alt können die Fenster noch nicht sein, denn als Folterknechte hat der Künstler Hitler, Göring und Goebbels dargestellt. Die alte Frau wagt sich noch zwei Schritte nach vorn und kneift die Augen zusammen. In den Gesichtern der Nazi-Führung erkennt sie die grausamen Facetten des Regimes: Selbstherrlichkeit, beflissene Pflichterfüllung, sadistische Freude. Merkwürdig, denkt sie: Diese Kirche, die sie noch nie betreten hat, seit sie mit ihrem Mann nach Landshut gezogen ist, kommt ihr langsam vor wie der Spiegel ihrer Kindheit.

Viel hilft nämlich *nicht* viel und der Vater ist trotz der ganzen Beterei im Feld geblieben. Und die Mutter hat wieder heiraten müssen, damit sie und die Kinder versorgt waren. Die Auswahl war nicht sehr groß, mitten im Krieg, und so kam der Wilfried in die Familie. Der war ein fanatischer Nazi, der Frau und Kindern nicht nur jegliche religiöse Betätigung verboten, sondern sie auch regelmäßig verdroschen hat. Behauptet hat er immer, er meine es nur gut, aber der Gesichtsausdruck, wenn er wieder einmal einen Rosenkranz seiner Frau gefunden und entsorgt hat, oder mit dem Gürtel in der Hand auf die Anna und ihre Geschwister losgegangen ist, hat etwas ganz Anderes gesagt.

Es hat ihm einfach Spaß gemacht, jemanden zu quälen, denkt die alte Frau, deren Blick an der Darstellung von Joseph Goebbels hängengeblieben ist. *Genau wie dem da.*

Klick.

Das Geräusch unmittelbar neben ihr lässt die Frau herumfahren. Am Beichtstuhl ist gerade die Tür einen Spalt aufgesprungen. Von selbst! In Erwartung eines schauerlichen Knarzens greift sie zögernd nach dem Messingknauf, aber die Tür schwingt vollkommen geräuschlos auf. Und der Beichtstuhl ist leer. Noch während sie unschlüssig auf die rot gepolsterte Bank schaut, schleicht sich ein Gedanke an. *Sieht die offene Tür nicht aus wie eine Einladung? Endlich bequem sitzen – ohne Priester auf der anderen Seite. Einmal nicht die Sünderin, einmal nicht das Opfer. Einmal was Verrücktes tun … wie die Vroni!*

Die Freundschaft mit der Vroni vom Nachbarhof war der einzige Lichtblick ihrer trostlosen Kindheit. Genauso alt wie die Anna war sie, aber sonst das glatte Gegenteil: fröhlich, hübsch, selbstbewusst – und immer zu einem kleinen Abenteuer aufgelegt. Wettrennen mit dem Leiterwagen, Äpfel klauen beim Schuster-Bauern – dabei hätte grad sie vorsichtig sein müssen. Die Vroni hieß nämlich gar nicht Vroni, sondern Margot, und sie war auch nicht die Nichte vom Schmiedinger-Bauern, sondern ein mit falschen Papieren untergetauchtes jüdisches Mädchen. Das hat sie eines Nachts auf dem Heuboden ihrer besten Freundin Anna anvertraut und dabei zum ersten und einzigen Mal ein wenig ängstlich ausgesehen. Aber die Anna hat natürlich geschworen, es nicht zu verraten. Niemandem. Niemals.

Die Vroni hätt sich's getraut! Jetzt hat er sie angesprungen, der Gedanke, und überwältigt. Verstohlen sieht Anna Hölzl sich noch einmal um – dann steigt sie hastig in den Beichtstuhl und zieht die Tür hinter sich zu.

Klick.

Das gedämpfte Licht und die vollkommene Stille des Beichtstuhls umfangen die alte Frau wie eine Umarmung. Eine nie gekannte Ruhe breitet sich in ihr aus, beschwichtigt ihr schlechtes Gewissen, beruhigt ihr aufgeregt klopfendes Herz und legt sich wie Balsam auf ihre flatternden Nerven. Mit einem tiefen Seufzer lässt sie sich auf den weichen Polstern nieder und schließt die Augen. Alles ist gut. Aber der Friede hält nicht lang, denn der Geruch nach altem Holz und Staub beschwören erneut eine Erinnerung herauf. Die an die schlimmsten Augenblicke ihres Lebens.

Sie kauert in der Kammer unter dem Dach und blinzelt aus zuschwellenden Augen in das fahle Licht der Dämmerung. Tränen, Blut und Rotz tropfen auf den staubigen Boden. Er hat es aus ihr herausgeprügelt. Buchstäblich. Übelkeit steigt in ihr hoch, ob des monströsen Verrats, den sie begangen hat an ihrer besten Freundin. Ihrer einzigen Freundin. Unten hört sie die schweren Schritte vom Wilfried. Er will natürlich gleich ins Dorf, „Meldung machen", wie er es nennt. Allein bei dem Gedanken daran, was mit der Vroni-Margot passieren würde, krümmt sich die Anna zusammen. Da läutet es unten an der Tür – der Loibl-Bauer. Bei denen kalbt die Kuh und das wird wahrscheinlich die ganze Nacht dauern. Er bittet den erfahrenen Knecht Wilfried um Hilfe und gemeinsam verlassen sie das Haus. Als der Anna aufgeht, was das heißt, sitzt sie plötzlich kerzengerade: Ihr Stiefvater kann frühestens morgen zur Polizei. Eine Chance hat sie noch – eine Chance hat die Vroni noch! Sie beißt die Zähne zusammen, wäscht sich notdürftig, humpelt nach unten in die Küche und fängt mit zitternden Händen an, einen Kuchen zu backen – Kirschkuchen ist doch dem Wilfried seine Leibspeise.

In der Abgeschiedenheit des Beichtstuhls betrachtet Anna Hölzl ihre kleinen faltigen Hände. Der Ringfinger der linken Hand ist nach der letzten Prügelattacke vom Wilfried schief zusammengewachsen. *Es war schon auch viel Glück dabei.*

Die Mutter war mit den Geschwistern für ein paar Tage auf Besuch bei der Tante. Und der Wilfried war todmüd und hungrig, wie er am nächsten Morgen vom Loibl-Bauern zurückgekommen ist. Ohne ein weiteres Wort hat er der Anna ihren Kirschkuchen hinuntergeschlungen und ist ins Bett gefallen. Die paar Tollkirschen hat er weder gesehen noch geschmeckt. Und schon am Nachmittag konnte die Anna ins Dorf laufen. Meldung machen.

Glück? Der alten Frau entfährt ein Kichern. *Hilf dir selbst, dann hilft dir Gott* hat schon ihr Vater selig immer gesagt. Mit einem Mal fühlt sie sich leicht und beschwingt. Sie erhebt sich, verlässt den Beichtstuhl und bewegt sich zielstrebig und fast ohne die Hilfe ihres Stockes zum Ausgang. Draußen schlagen die Hitze und der Lärm wie eine Woge über ihr zusammen, aber es macht ihr nichts aus. Die kühle Ruhe der Kirche hat sie vollkommen durchdrungen und umgibt sie wie eine schützende Aura. Aufrecht steht sie im Schatten des Kirchenportals und lässt den Blick über die Menschenmenge schweifen, die dicht gedrängt auf den Bierbänken hockt – einer davon ist der Franz, betrunken wie üblich.

Dem könnte sie auch wieder mal was backen.

Fragend betrachtet sie erneut ihre Hände. An der Rechten hat sich der dünne goldene Reif tief in die Haut des Ringfingers gegraben. Festgekrallt.

Hilf dir selbst ...

Mit einem dünnen Lächeln auf den Lippen steigt Anna Hölzl die Stufen des Kirchenportals hinab, fädelt sich in den Strom der Menschen und verschwindet darin.

So spreche ich Dich los von Deinen Sünden: Im Namen des Vaters und des Sohnes und des Heiligen Geistes. Amen.

Angela Kreuz

TOD IN DER BUDDHA-LOUNGE

Der rückwärtige Raum in der neu eröffneten Lounge war ungewöhnlich dekoriert. Hinter den Chiffontüchern, die den Raum wie Nebelschwaden durchzogen, war das Kreuzgewölbe in Dunkelpink gestrichen und von der Decke hing eine bunte orientalische Lampe herab. Auf der mit Satinkissen ausgestatteten Liegefläche hatte es sich ein Pärchen gemütlich gemacht. Der stehende Holzbuddha überschaute milde lächelnd den kleinen Raum; seine Hände waren nach außen gedreht, als würde er mit den Achseln zucken.

Durch den Rundbogen trat eine dünne Frau mit dunklen Haaren; sie blickte sich scheu um und ließ sich zögernd an einem Ecktisch nieder, von dem aus sie das Zimmer im Blick hatte. Sie wirkte angespannt wie ein Wiesel, das in der Falle saß. Die Seiten der Getränkekarte zitterten, als sie darin blätterte. *Ich bin ganz ruhig*, sagte sie in Gedanken zu sich und versuchte, sich dabei zu entspannen, so, wie sie es im Autogenen Training an der Volkshochschule vor ein paar Jahren gelernt hatte. Damals war sie öfters ausgegangen, sie hatte auch noch bei Siemens ihren Job als Sekretärin gehabt. Nach ihrer Entlassung hatte sie sich mehr und mehr zurückgezogen, immer seltener hatte sie sich mit ihren Bekannten getroffen und mittlerweile verließ sie die Wohnung nur noch für kurze Einkäufe.

Die Frau öffnete den Verschluss ihrer Handtasche und vergewisserte sich, dass sie die beiden Antwortbriefe auf ihre Kontaktanzeige mitgenommen hatte:

Verehrte Frau Bacher, Elisabeth,

ich habe mich sehr über Ihre Antwort gefreut und würde Sie zu gerne – wenn ich einen Vorschlag machen darf – am 8. März um 19:00 in der Buddha-Lounge kennenlernen. Im Rosa Zimmer können wir uns ungestört unterhalten. Sollte es Ihnen nicht möglich sein zu kommen, sprechen Sie mir bitte rechtzeitig vorher auf meinen Anrufbeantworter.

Beste Grüße

Ihr Hermann Oberholzer

Die Buchstaben seiner Handschrift standen eng zusammen, als wollten sie sich aneinander festhalten, um ja nicht vom Briefpapier zu rutschen. Elisabeth Bacher blickte auf ihre zierliche Armbanduhr, sie war eine Viertelstunde zu früh dran. Die halblangen Haare fielen ihr ins Gesicht und kitzelten auf der Haut. Vielleicht war er vor dem Treffen ebenso aufgeregt wie sie? Sie hatte bisher noch nie so schöne Briefe von einem Mann bekommen; auf Hermanns ersten Brief – sie nannte ihn in Gedanken bereits bei seinem Vornamen – hatte sie lange und ausführlich geantwortet. Sie sah zu dem Paar hinüber, das sie bisher nur aus den Augenwinkeln wahrgenommen hatte. Würde sie auch bald wieder die Haut eines anderen Menschen berühren und sich in aufregenden Küssen verlieren? Die beiden lagen ineinander verschlungen da. Auf dem niedrigen Holztischchen stand ein leeres bauchiges Glas. Erst jetzt bemerkte Elisabeth die indische Musik im Lokal. Sie lehnte sich an das Wandpolster und lauschte den von Trommelschlägen untermalten sphärischen Klängen der Sitar. Die beiden Verliebten sahen unnatürlich bleich aus und ihre Gesichter und Gliedmaßen wirkten wie erstarrt. Blaue Lippen. Elisabeth Bacher fuhr erschrocken hoch. Ein spitzer Schrei drang aus ihrem Mund.

„Sie haben also keine Leichen gesehen", sagte Hauptkommissarin Renata Moll und kaute dabei auf einem Zahnstocher herum. Ihre tiefliegenden Augen, die im Licht der orientalischen Lampe grünlich schimmerten, wanderten zwischen dem kahlköpfigen Geschäftsführer und seiner stämmigen Kellnerin hin und her. Molls kurze schwarze Haare waren zerzaust und auf dem linken Nasenflügel glitzerte ein winziger Nasenstecker. Die Befragten schüttelten die Köpfe und musterten die drahtige Gestalt in der Wildlederjacke. Moll hatte sofort vermutet, dass mit der anonymen Anruferin etwas nicht stimmte, sie hatte irgendwie durchgeknallt geklungen; dennoch untersuchte sie die Liegefläche, auf der die Verrückte die Toten gesehen haben wollte. Unter dem zerknautschten Kissen fand sie eine Packung Zigarettenpapiere. „Wer hat hier zuletzt gesessen?", fragte sie. Sie streifte sich ihre Einweghandschuhe über und steckte das Päckchen in eine Plastiktüte. Der Geschäftsführer kratzte sich am Kopf und sprach von einem jungen Paar, das, wie er behauptete, vor einer halben Stunde gegangen war. Als die Kommissarin das Weinglas auf dem Tisch besah, entdeckte sie in der Neige feine Partikel, die anders aussahen als gewöhnlicher Weinstein. „Kann ich das mitnehmen?", fragte sie, worauf der Geschäftsführer kurz stutzte und dann steif nickte; sein gerötetes Gesicht glänzte. Die Kellnerin wischte die schweißigen Hände an ihrer Schürze ab. Moll packte das Glas vorsichtig ein und verließ das Lokal.

Während sie den Weißgerbergraben hinunter zur Holzlände ging, konnte sie im Licht der Straßenlaternen ihren Hauch sehen und verschränkte fröstelnd die Arme. Ihr Handy klingelte.

„Eine Frau Elisabeth Bacher hat gerade in der Zentrale angerufen und zwei Morde gestanden", meldete ihre Kollegin Schweiger. „Sie hat angeblich zwei Leute in dieser neuen Lounge vergiftet."

„Da komme ich gerade her", sagte Moll, entriegelte ihren Honda und stieg ein. „Dort sind alle noch am Leben." Sie steckte sich einen Zigarillo an und inhalierte den Rauch. „Da stimmt was nicht." Schweiger gab der Kommissarin die Telefonnummer der Geständigen durch, die Moll postwendend anrief. Doch Bacher hob nicht ab.

Unterdessen war Elisabeth Bacher auf dem Nachhauseweg. Die Absätze ihrer hohen Stiefeletten klackten in der Dunkelheit, während sie auf dem abgetretenen Kopfsteinpflaster Richtung Bismarckplatz stakste. Sie hatte gleich gespürt, dass die Kommissarin am Telefon sie nicht für voll genommen hatte. Nach ihrem Anruf war sie hin- und hergerissen gewesen, ob sie zur Lounge zurückkehren sollte oder nicht, da sie befürchtete, dort auf Polizisten zu treffen. Denn seit ihrem letzten Aufenthalt im Bezirksklinikum wollte sie nichts mehr mit der Polizei zu tun haben. Doch andererseits hatte sie gehofft, dass Hermann im Rosa Zimmer auf sie warten würde, und hatte sich schließlich dazu durchgerungen umzukehren. Als sie wieder ins Hinterzimmer der Lounge getreten war, waren die Toten wie von Geisterhand verschwunden gewesen und Hermann war immer noch nicht aufgetaucht. Daraufhin hatte sie das Lokal noch verstörter als zuvor verlassen.

Wieder und wieder drängte sich ihr die Erinnerung an die beiden verzerrten Gesichter auf, die noch im Tode mit ihren bläulichen Lippen um Luft zu ringen schienen. Als Bacher in ihre Wohnung kam, blinkte der Anrufbeantworter. Die Kommissarin hatte aufs Band gesprochen und um Rückruf gebeten. Bachers Augen weiteten sich; sie trat unwillkürlich ein paar Schritte zurück, bis sie die kühle Wand im Rücken spürte. Sie lehnte ihren Kopf an. Wie konnte die Kommissarin ihre Nummer herausgefunden haben, wo sie doch von einer Telefonzelle aus angerufen und sich strikt geweigert hatte, ihren Namen zu nennen? Bacher hockte sich auf den kalten Linoleumboden und schlang die Arme um ihre Knie, wie sie es als kleines Mädchen immer getan hatte, wenn sie nicht mehr weiterwusste. Sie starrte das Telefon an.

Es war nicht einfach gewesen, die Leichen unbemerkt durch den Hinterausgang zu transportieren, vor allen Dingen hatte es schnell gehen müssen. Einen derartigen Skandal hätte sich die Buddha-Lounge nicht leisten können, die sich bereits während der Eröffnungswoche in Regensburg zu einer In-Kneipe zu mausern begonnen hatte. Die Lounge war Oberholzers Lebenstraum; schon als junger Mann hatte er sich danach gesehnt, eines Tages sein eigenes Lokal aufzumachen. Doch dass der gepanschte Wein eine derart toxische Wirkung haben konnte, blieb ihm ein Rätsel. Vielleicht hatten die jungen Leute ja auch harte Drogen genommen? Wie betäubt hatte er zusammen mit seiner Cousine, die bei ihm bediente, die Toten in den Weinkeller geschleift und sie dort versteckt. Nach der Sperrstunde hatte er sie dann hastig in seinen Lieferwagen verfrachtet. Er war die Westendstraße entlang bis zum Wehr gefahren und hatte die Leichen in einer Nacht-und-Nebel-Aktion in die Donau geworfen.

Er stieg ins Bett. Wieder brach ihm der Schweiß aus und er roch seinen dumpfen säuerlichen Körpergeruch. Seine Stirn fühlte sich heiß an. Wenn er doch nur nicht in der Hektik vergessen hätte, das Weinglas zu spülen, das die Kommissarin mitgenommen hatte. Falls sie den Inhalt untersuchen ließ und mit dem Wein etwas nicht stimmte, wäre er dran. Viel Geld hätte er darum gegeben, die Zeit zurückdrehen zu können. Den Abend hatte er sich ganz anders vorgestellt: Tagelang war er schon wegen seiner Verabredung mit der Dame von der Kontaktanzeige in heller Aufregung gewesen. Es war dagegen nur ein schwaches Glück, dass sie die Toten bis sieben Uhr weggeschafft hatten. Danach hatte er wieder und wieder ins Rosa Zimmer geschaut, dort aber keine Dame gesehen, auf die die Beschreibung aus der Kontaktanzeige gepasst hätte. Vielleicht würde er nie wieder eine Frau finden.

„Gift", triumphierte Hasselbeck. Er rief am späten Vormittag aus dem Labor an. Seine Fistelstimme überschlug sich. „Astreines Kaliumzyanid. Haben Sie denn den Bittermandelgeruch nicht bemerkt? Den kennt man doch."

„Ich bin erkältet", knurrte Moll und legte auf. Hasselbeck ging ihr mit seiner Besserwisserei auf die Nerven. Sie versuchte nochmals die seltsame Anruferin zu erreichen und ließ es so lange klingeln, bis der Hörer am anderen Ende der Leitung endlich abgenommen wurde.

„Kommen Sie bitte aufs Kommissariat, Frau Bacher", sagte Moll einleitend. „Wir brauchen ihr Geständnis schriftlich, sonst können wir nichts damit anfangen."

„Was? Mein Geständnis?", stammelte Bacher. „Ich habe gestern wegen dem toten Paar angerufen."

„Das Sie angeblich vergiftet haben", sagte Moll ungeduldig. „Wo sind denn die Toten jetzt?"

„Nein, nein – die waren nicht mehr da, als ich zurückkam. Bitte, – ich habe doch niemanden umgebracht."

„Kommen Sie trotzdem noch heute vorbei." Moll seufzte und nannte Bacher die Adresse der Dienststelle. Sie fühlte sich unter Druck. Seit ihrer Beförderung zur Hauptkommissarin hatte sie das Gefühl, *besser* sein zu müssen als ihre männlichen Kollegen, um vom Dienststellenleiter gleichermaßen anerkannt zu werden. Obendrein schienen die anderen Mitarbeiter auf einen Fehler ihrerseits richtig zu warten. Sie würde ihnen lächelnd die Zähne zeigen.

Eine Angestellte der Wurstkuchl hatte die Leichen in der Donau treiben sehen, als sie in ihrer Mittagspause einen Spaziergang am Ufer machte, und sofort die Polizei verständigt. Die Köchin hatte sich den Wasserpegel anschauen wollen und war die Stufen zum Fluss hinuntergegangen. Dort waren die beiden Toten zwischen einem Baumstumpf und der Ufermauer eingekeilt gewesen – ein grausiger Anblick.

In der Gerichtsmedizin erfuhr Moll, dass die beiden am Vorabend an einer Zyanidvergiftung gestorben waren. In ihren Mägen befanden sich zudem geringe Mengen Weißwein.

Bacher musste im Flur der Dienststelle über eine Stunde auf die Kommissarin warten, was ihr wie eine halbe Ewigkeit vorkam. Ihre Gedanken drehten sich im Kreis und sie begann bereits, ihre Erinnerungen an den gestrigen Abend in Zweifel zu ziehen. Was wäre, wenn sie eine psychotische Phase gehabt hätte und alles ganz anders gewesen wäre? Könnte sie aus Neid auf das Liebesglück anderer zwei Morde begangen haben? Sie hatte für den Fall, dass sie eines Tages nicht mehr leben wollte, immer ein kleines Giftfläschchen in der Handtasche, das sie vor über zehn Jahren während ihrer Aushilfstätigkeit in einer Chemikalienhandlung hatte mitgehen lassen. Man konnte ja nie wissen, was einem so zustößt im Leben! Am Ende findet man sich hilflos in einem Pflegeheim wieder, womöglich entstellt und gelähmt, lebenslang angewiesen auf fremde Hilfe. Nein, in so einem Fall wollte sie lieber ihrem Leben einen Schlusspunkt setzen. Doch das Gift gegen andere zu verwenden, würde ihr nie in den Sinn kommen. Unten schlug die schwere Holztüre des Gebäudes zu, schnelle Schritte hallten die Treppe herauf. Die sportliche Gestalt in der Wildlederjacke, die jetzt auftauchte, war in Eile.

„Kommen Sie herein." Die Kommissarin schloss das Büro auf. „Und entschuldigen Sie die Verspätung." In der Dienststube roch es nach alten Akten. Bacher nahm auf einem Bürostuhl Platz und fuhr sich nervös durch die dunklen Haare. In ihrem schmalen Gesicht zeichneten sich hektische Flecken ab. Sie berichtete in versetzten Bruchstücken von den Geschehnissen des Vorabends.

„Sie haben doch noch einen zweiten Anruf getätigt", fragte Moll nach, um Bachers Gedächtnis auf die Sprünge zu helfen. Seit ihr die spürbar nervlich zerrüttete Person von Angesicht zu Angesicht gegenübersaß, tat sie ihr leid. „Von der Buddha-Lounge aus, als Sie uns den Mord gestanden." Moll wusste, dass die Telefonnummer in der Zentrale vorlag. Bacher fing den prüfenden Blick der Kommissarin auf, der ihr durch Mark und Bein ging. „Nein – ich habe nur einmal angerufen, von einer Telefonsäule aus, am Gutenbergplatz", sagte sie und umklammerte ihre Handtasche.

„Sind Sie sicher?"

„Ja."

„Kommen Sie", sagte Moll. „Ich nehme Sie zu einer Gegenüberstellung in die Buddha-Lounge mit."

Als sie die Lounge betraten, nickte Moll der rundlichen Kellnerin zu, die gerade neue Teelichter auf den Tischen verteilte. Ein Grüppchen junger Leute saß am Fenster und aß zu Mittag. Der Geschäftsführer eilte herbei und lotste die Besucher in die Küche.

„Ich habe noch ein paar Fragen." Moll deutete auf Bacher. „Hat diese Frau gestern Abend gegen halb acht ihr Telefon benutzt?"

„Nein – das heißt, nicht, dass ich wüsste", sagte er und räusperte sich. Auf seinem Hemd zeichneten sich dunkle Flecken unterhalb der Achseln ab. Er rief nach seiner Cousine Gerda.

„Wo befindet sich Ihr Geschäftstelefon?", fragte Moll.

Oberholzer wies auf die Nische hinter der blank polierten Spüle. Die Kellnerin betrat halbherzig die Küche.

„Haben Sie diese Frau gestern Abend gegen halb acht Ihr Telefon benutzen lassen?", fragte Moll.

Gerda Oberholzer schwieg eisern und vertiefte sich in den Anblick der schwarz-weißen Fußbodenkacheln. Als Moll genervt ihre Hand in die Jackentasche steckte, fühlte sie einen in Plastik gewickelten

Gegenstand. Sie hatte vergessen, das Schächtelchen mit den Zigarettenpapieren, das sie unter dem zerknautschten Kissen im Rosa Zimmer gefunden hatte, ins Labor zu geben. Moll holte die Plastiktüte aus der Tasche und öffnete das Päckchen. Auf dem obersten Blättchen stand in winzigen türkisblauen Lettern *Für die überlebende Nachwelt*. Moll nahm das Zigarettenpapier zwischen die Fingerspitzen und zog es aus der Pappschachtel. Die Blättchen waren aneinandergeklebt und sahen wie die Lamellen einer Ziehharmonika aus. Das blütenweiße Papier war durchgängig in einer sauberen Mädchenschrift beschrieben – offenbar der Abschiedsbrief des Pärchens. Molls Augen flogen über die Zeilen, während ihr ein eiskalter Schauer wie ein zerfließender Schneeball den Rücken hinunterrieselte. Aus dem Brief ging hervor, dass die Eltern des Mädchens strikt gegen die Liebesbeziehung waren und dass die junge Frau ihr Kind, das sie so gerne behalten hätte, vor kurzem hatte abtreiben müssen. Darüber glaubten die Verliebten nie hinwegzukommen. Sie wollten nun im Jenseits wieder zu dritt vereint sein.

„Sie können nach Hause gehen", sagte die Kommissarin zu Bacher und berührte sie am Arm. „Sie haben niemanden umgebracht."

„Bin ich wirklich unschuldig?", fragte Bacher unsicher, ihre Augen waren feucht.

„Es war offensichtlich Selbstmord", sagte Moll. „Eigentlich sollten Sie ja selbst wissen, was sie getan haben und was Sie nicht getan haben." Bacher zögerte, sagte aber nichts.

„Wie kamen Sie auf die Idee, Frau Bacher mit zwei Morden so schwer zu belasten?", wandte sich Moll erneut an Gerda Oberholzer. „Das haben Sie doch getan?"

Der Geschäftsführer zog die Brauen hoch und maß Bacher von Kopf bis Fuß. Seine Pupillen verengten sich für einen Moment.

„Ich wusste von der Verabredung mit ihr", presste Gerda Oberholzer hervor und bedachte Elisabeth mit einem giftigen Seitenblick. „Hermann hat ja von nichts anderem mehr geredet. Als dann noch das tote Pärchen hier lag", sie sah kurz hoch, „dachte ich mir, es wäre alles aus, nie wieder hätten wir die Chance, ein solches Lokal zu betreiben. Hermann hat gesagt, dass sie wohl der billige Fusel umgebracht hat, den wir kistenweise in Polen eingekauft hatten. Er hat darauf gedrängt, die Toten in den Weinkeller zu schaffen, weil sonst alles auffliegen würde. Nachdem Sie uns in der Lounge vernommen hatten, fiel mir die Rettung für uns ein." Die Kellnerin lachte bitter. „Ich bin ins Hinterzimmer gegangen und habe bei der Polizei angerufen. Gab mich als Elisabeth Bacher aus, und sagte, dass ich den beiden Gift in den Wein getan hätte; sie hätten kurze Zeit später das Lokal verlassen. Damit hätten Hermann und ich nichts mehr mit dem Tod des Paares zu tun gehabt und diese Bacher wäre nie in die Verlegenheit gekommen, hier die Geschäftsfrau zu spielen. Ich erzählte aber Hermann davon nichts. Und dem fiel nichts Besseres ein, als die Toten einfach in die Donau zu werfen!"

Bacher starrte den Geschäftsführer an. „Sie sind Hermann Oberholzer?"

Er blickte beschämt zur Seite: „Ich habe es für Sie und mich getan, damit wir beide eine Chance haben, verstehen Sie?"

Bacher schüttelte den Kopf und schaute auf ihre neuen Stiefeletten hinab. „Nein", flüsterte sie und wandte sich zum Gehen.

Carola Kupfer

RUBINROT

Nachdenklich trat er einen Schritt zurück. Irgendetwas störte ihn noch.

Er starrte auf sein Werk. Sein Atem ging flach und er schwitzte. Seine Hände waren feucht und unter den Achseln hatten sich wahrscheinlich wieder dunkle Flecken auf dem schwarzen Stoff seines Hemdes gebildet. Wie gut, dass man sie nicht so schnell sah. Es war immer so: Am Ende kam die Angst und mit ihr der Schweiß. Lästig und übel riechend.

Dabei stimmte alles. Perfektes Nordlicht, Stille, Geruch nach Farben und Terpentin, so war es richtig. Es war vollbracht. Viele Wochen Arbeit steckten darin. Erst die Idee für ein neues Motiv. Tagelang streifte er dazu durch die Straßen, besuchte Nachtclubs, beobachtete Menschen vor dem Theater, in Cafés oder Bars. Dann folgte die lange Phase der Planung. Nichts durfte außer Acht gelassen werden, jedes Detail musste stimmen. Denn darauf kam es an: Perfektion im Arrangement.

Das war nicht immer einfach. Schließlich war auch er nur ein Mensch, hatte schlechte Tage und manchmal regelrecht Angst davor, zu beginnen. Momente, in denen er kurz davor war, aufzugeben. Das ging vielen Künstlern so, eine Art Berufskrankheit. Hatte er aber einmal mit einem Werk begonnen, war er nicht mehr zu halten. Alles kam plötzlich in Fluss. Wie im Rausch sah er dann Farben, Licht und Schatten, die Komposition und das fertige Bild vor seinem inneren Auge. Und dann dieses Hochgefühl, wenn er spürte, es würde gelingen. Die Schönheit des Augenblicks – ihm gelang es, sie tatsächlich einzufangen. Er war gut darin wie kein anderer.

Und dennoch. Sein Blick huschte unruhig über sein Werk. Was war nicht vollkommen?

Rot. Er fühlte es mehr, als dass er es tatsächlich sah. Es war zu viel Rot. Eine gefährliche Farbe. In Purpur ließ sie alles um sich herum erblassen, als Zinnober verfing sich der Blick des Betrachters zu schnell in ihr, wenn man nicht aufpasste. Zu Orange ließ das Rot die Inkarnate grün schimmern – kein schöner Effekt. In der Florentiner Mischung wurde es recht braun und harmonierte nur mit sehr heller Haut. Und bei roten Haaren war ohnehin Vorsicht geboten.

Hier war es der Schal. Rubinrot changierte und glänzte er zu hell im Licht. Nun, das konnte er noch ändern. Er musste es sogar. Die Farbe war entscheidend für die Gesamtwirkung. Sein Publikum war Perfektion gewohnt. Er hatte mit einigen seiner außergewöhnlichen Porträts bereits Aufsehen erregt. Nichts sollte diesen Ruhm stören.

Hastig wischte er seine Handinnenflächen an den Hosenbeinen trocken und machte sich an die Arbeit.

***

Der junge Mann, der mit energischem Schritt und in aufrechter Haltung an den Auslagen der Geschäfte vorbeispazierte, schien von seiner Umgebung nichts mitzubekommen. Denn sonst hätte er sicherlich bemerkt, dass man in den engen Gassen der Stadt über ihn redete: Drei hübsche Frauen schauten ihm bewundernd hinterher, während der braungebrannte Obstverkäufer ein paar Meter weiter verächtlich auf den Boden spuckte und „gelackt wie ein Franzose" knurrte.

In der Tat war er eine auffällige Erscheinung. In einer Zeit, in der die Menschen gerade erst wieder damit begonnen hatten, die Einschränkungen und Verluste des großen Krieges zu vergessen, kultivierte er das Bohème-Dasein bis an den Rand der Dekadenz. „Geschniegelt" pflegte ihn eine seiner Gönnerinnen zu bezeichnen; affig fanden ihn viele Kollegen. Doch all das störte ihn nicht: Seine hohen und feinen Lebensansprüche standen zwar in einem erstaunlichen Kontrast zu den groben Arbeiterhänden, die ihn eindeutig als Kind des Proletariates ausmachten – dennoch hatte es ihn von Anfang an in eine andere Welt gezogen. Nicht zu den Bürgerlichen oder Katholischen mit ihren gesellschaftlichen Konventionen, nein, nichts lag ihm ferner. Doch im inneren Westen der Stadt zwischen Radsportanlage und Donau hatte sich eine kleine Künstlergruppe etabliert, die für das moderne Leben offen war und sich gegen historisierend verklärende Malerei aussprach. Sie propagierte eine freie und unangepasste Kunst und wusste sich erfolgreich von Kommunisten und bayerischen Nationalisten abzugrenzen. Das war seine Welt, wenngleich er erst vor einem guten halben Jahr praktisch mittellos in sie hineingetreten war. Als armer und bescheidener Künstler war er hier zunächst aufs herzlichste empfangen worden. Eine Gönnerin hatte ihm diskret eine Bleibe besorgt – und sie war es auch, die ihm durch Ankäufe die finanziellen Mittel an die Hand gegeben hatte, mehr aus sich zu machen.

Und das tat er mit Hingabe: Ja, der Zweiundzwanzigjährige legte Wert auf eine gepflegte Erscheinung. Folglich ging er nie aus dem Haus, ohne sein blondes Haar akkurat nach hinten zu kämmen und es mit Pomade zu glätten. Sein kantiges Gesicht mit dem markanten Kinn und der stets etwas mürrisch wirkende Ausdruck mit den tief liegenden Augen unter stark vorgewölbten Brauen kamen so besonders zur Geltung. Schön war er nicht, aber männlich und interessant. Stets trug er ein weißes Hemd unter einem dunklen Anzug, eine Krawatte und glänzende Lackschuhe. Ein Herrenparfum hüllte ihn dabei in einen vornehmen Duft. Kein Wunder also, dass er auffiel. Und wahrscheinlich hätten ihm weitaus mehr Menschen kopfschüttelnd hinterhergesehen, wenn sie gewusst hätten, dass er so keinesfalls zu einem Empfang oder einer anderen offiziellen Veranstaltung unterwegs war. Nein, der junge Herr war auf dem Weg zur Arbeit.

„Halt! Stehenbleiben, Polizei!"

Er schreckte aus seinen Gedanken auf. Vor ihm hatte sich ein Uniformierter aufgebaut.

„Warum? Ich muss in mein Atelier. Arbeiten."

Ungeduldig wollte er an dem Wachmann vorbei, doch der ließ ihn nicht passieren. Erst jetzt nahm er wahr, dass sich ein Menschenauflauf vor dem Eingang in den alten Patrizierhof nahe des Haidplatzes gebildet hatte. Polizisten sperrten das breite Tor ab, mit Stift und Papier bewaffnete Zeitungsjournalisten schrien durcheinander und ein paar wichtig aussehende Herren mit Hut unterhielten sich leise im Eingangsbereich. Wie sollte er so in sein Atelier im Dachgeschoss gelangen, wo er täglich gemeinsam mit anderen Künstlern arbeitete? Niemand seiner Kollegen war zu sehen. Was war nur geschehen? Hatte es ein Attentat gegeben? Oder eine Demonstration? Soziale Unruhen waren so kurz vor den Wahlen überall an der Tagesordnung. Und das Elend nach dem großen Krieg war immer noch immens.

„Hey, Kollege, hier!" Lautes Rufen veranlasste ihn, sich umzudrehen. Hinter ihm stand einer der Künstler, die mit ihm das karge Atelier teilten.

Er starrte ihn fragend an.

„Es ist etwas Schreckliches passiert!", raunte dieser als Antwort auf die unausgesprochene Frage. „Und wir stehen alle unter Verdacht!"

***

(Aus dem Polizeiprotokoll)
Weiblicher, mit Ausnahme von Schnürstiefeln und Strümpfen unbekleideter Leichnam, ca. 1,55 Meter groß, Mitte 20. In Rückenlage auf einer

flachen Chaiselongue liegend, auf weißem Laken. Rechtes Bein ausge-
streckt, linkes Bein von der Hüfte an nach außen gespreizt, über die Kan-
te hinab auf dem Fußboden lagernd. Arme seitlich abknickend und he-
runterhängend.
Langes brünettes Haar, offen, unfrisiert. Augen verbunden. Keine Nar-
ben oder körperliche Auffälligkeiten. Kein Schmuck. Stark geschminktes
Gesicht, parfümiert. Körper bereits steif, Totenstarre.
Zustand vermutlich nach sexueller Gewalt; deutliche Strangulations-
spuren am Hals, Blutergüsse an Oberarmen beidseitig sowie linkem
Oberschenkel innen. Leichnam an Mund und Geschlechtsorganen mit
roter Farbe begossen. Mögliche offene Wunden verdeckt.
Auf dem Boden vor der Chaiselongue ein roter Schal, Seidenimitat. Da-
neben eine kleine Handtasche, Inhalt: Gesichtspuder mit Quaste, Lip-
penrot, 6 Groschen und ein alter Fahrschein.
Bislang keine Aussagen zur Identität möglich, vermutlich Varieté-Hin-
tergrund oder Prostitution.

Seufzend legte Alois Meindl den Bleistiftstummel beiseite. Er hatte
wirklich Pech. Das war bereits der dritte Mord dieser Art. Ein Lustmord, wie die anderen auch. Seit einem halben Jahr war er mit seinen Männern auf der Suche nach dem Täter – Fehlanzeige. Es gab
einfach keine Spur, nur Verdächtige, die sich immer wieder als unschuldig herausstellten, Hinweise, die nicht weiterführten und Zeugen, die nichts taugten. Er stand mittlerweile massiv unter Druck:
Als Hauptkommissar trug er die Verantwortung für die Ermittlungen
und musste einem lästigen Vorgesetzten Rechenschaft abliefern.
Überall mischte er sich ein. Dabei vermuteten viele Bürger der Stadt,
dass ein Fremder hinter den Morden stand. Schließlich hatte es so
etwas in Regensburg noch nie gegeben. Eine Lustmord-Serie, wie
schauerlich. In anderen Städten kam so etwas vor, das war bekannt.
Offenbar förderten soziale Not und schwierige Zeiten die Bereitschaft zu töten. Aber in Regensburg? Den Menschen ging es hier besser als an vielen anderen Orten der Republik – trotz der Armut und

der unsicheren politischen Situation. Man arrangierte sich und wahrte die bierselige Fröhlichkeit, so gut es ging. Zumindest in den besseren Kreisen, in denen Alois Meindl als Hauptkommissar verkehrte. Von daher war *er* auch überzeugt davon, den Täter im subversiven Milieu zu finden. Vorausgesetzt, man wusste, wo es zu suchen galt.

Die Öffentlichkeit war natürlich alarmiert. Mütter fürchteten um ihre Töchter, frischgebackene Ehemänner um ihre hübschen jungen Frauen. Und diese Zeitungsfritzen verschärften die Situation, indem sie das Thema bei jeder Gelegenheit ausschlachteten. Kürzlich titelte *Der Oberpfälzer,* diese unselige Tageszeitung, die mittlerweile überall gelesen wurde, mit großen Lettern: „Wer deckt den Lustmörder? Spielt die Polizei mit offenen Karten?"

Und jetzt wartete schon wieder einer dieser Reporter im Vorzimmer darauf, Neuigkeiten zum Fall „Ateliermord" zu erfahren, um so in der nächste Ausgabe die Verkaufszahlen in die Höhe zu treiben. Es war wirklich kaum auszuhalten. Meindl schnaubte unwillig. Leider hatte er keine andere Wahl, denn geschrieben wurde in jedem Fall – besser also, es ein wenig zu steuern. Lustlos erhob er sich von seinem unbequemen Holz-Drehstuhl und schlurfte zur Tür.

„Herr Hauptkommissar, ist es wahr, dass sich eine politische Intrige hinter der Mordserie verbirgt?" Wilfried Fuchs, einer der schärfsten Hunde von *Der Oberpfälzer,* machte aus seiner linken Gesinnung keinen Hehl. In seinem hellbraunen Mantel über der an den Nähten abgestoßenen und armselig wirkenden Hose sah er aus wie eine Karikatur seiner selbst. Fehlte nur noch der Hut und die Zigarette im Mundwinkel, fand Meindl. Doch der Reporter hielt seine dunklen Locken mit Pomade in Schach und verzichtete auf eine Kopfbedeckung.

Um Zeit zu gewinnen, bat Meindl ihn zunächst, auf dem Besucherstuhl Platz zu nehmen. Währenddessen arbeitete es in seinem Gehirn fieberhaft. Eine politische Intrige? Diese Version war ihm völlig neu. Wer sollte dahinterstecken? Die Kommunisten? Oder die Königstreuen? Was für ein Quatsch, dann schon eher die Separatisten, die immer Unruhe stiften wollten. Aber solche Morde?

Er räusperte sich bedeutungsvoll und begann mit ruhiger Stimme: „Herr Fuchs, eine politische Intrige schließen wir zum derzeitigen Ermittlungsstand aus. Wie Sie wissen, handelt es sich ja auch in diesem Fall eindeutig um einen Lustmord …"

„Also wieder der gleiche Täter," unterbrach ihn der Redakteur und kritzelte emsig auf seinem Block herum. „Ein Serienmörder, der Regensburg unsicher macht – und die Polizei tappt völlig im Dunkeln, nicht wahr, Herr Hauptkommissar?" Ein falsches Lächeln begleitete die Frage.

Meindl wurde es warm in seiner Uniform. Jetzt nur nicht die Fassung verlieren und souverän reagieren. „Nein, ganz so ist es nicht!"

Gespannt richtete Fuchs sich auf und starrte den Polizisten aufmerksam an. „Es gibt also eine heiße Spur?"

„Es gibt sogar zwei!" Zufrieden lehnte Meindl sich in seinem Stuhl zurück. Jetzt nur die Ruhe bewahren. Betont gemächlich verschränkte er die Arme vor der Brust und atmete tief durch, ehe er seinem Besucher die Theorien erläuterte, die unter seinen Kollegen vage diskutiert wurden. Wichtige Details würde er natürlich nicht preisgeben.

Tatsächlich führte eine Spur der derzeitigen Ermittlungen in politische Kreise, was Wilfried Fuchs mit einem wissenden Nicken quittierte. Also doch, die Presse war eben gut informiert. Alles besaß doch irgendwie einen politischen Hintergrund in diesen Zeiten. Wahrscheinlich ein Sozialist. Sie galten als notorische Frauenverführer mit dem Hang zur sexuellen Perversion – das hatte man aus München schon gehört. Da lagen Lustmorde doch auf der Hand!

„Und, gibt es bereits einen Verdächtigen?", hakte der Reporter lauernd nach.

„Nein, so weit sind wir noch nicht", gab Meindl zu und ergänzte: „Ich bitte auch darum, dieses Thema mit höchster Vorsicht zu behandeln, um das Gerede in den Gassen nicht unnötig anzufachen, denn …", er räusperte sich wieder, „… denn Lustmörder sind immer Einzeltäter mit kranken Fantasien, sadistischen Bedürfnissen – aber eben leider auch in ihrem Umfeld unauffällig und sozial angepasst."

„Interessant." Fuchs machte sich zahlreiche Notizen. „Also keine Beziehungstaten?"

„Bei dieser Ermittlungsrichtung gehen wir nicht davon aus, nein." Der Hauptkommissar entspannte sich sichtlich. „Wie Sie ja wissen, waren die beiden anderen Opfer Prostituierte – und sicherlich nicht mit dem Täter liiert. Auch stammten sie aus ganz unterschiedlichen Milieus: Vera F., die jüngere von beiden, die damals in der Damentoilette des Apollo-Varietés gefunden wurde, war ein armes Mädchen aus dem Bayerischen Wald, das in Regensburg auf die schiefe Bahn geraten war. Die rote Katinka hingegen war eine stadtbekannte Kokotte und auch nicht mehr jung. Also zunächst sehr unterschiedliche Fälle."

„Wenn da nicht dieser gemeinsame Nenner mit der Farbe wäre, stimmt's?", fügte Fuchs nachdenklich hinzu. „Weiß man denn schon, wer das neue Opfer ist?

„Nein, leider noch nicht", räumte Meindl bedauernd ein. „Aber das Muster scheint wieder dasselbe zu sein. Stranguliert, sexuell missbraucht und dann mit roter Farbe beschmiert."

„Das mit der Farbe ist schon merkwürdig", nahm Fuchs den Faden auf. „Als ob jemand nicht nur so eine Art Blutrausch zelebriert, sondern auch eine Art Signatur hinterlässt." Er kratzte sich am Kopf. „Diese Farbe – könnte sie nicht auf Künstlerkreise hinweisen? Schließlich arbeiten viele der leichten Mädchen auch als Modelle, oder?"

Meindl nickte. Dieser Reporter dachte mit. Das war einerseits gut, aber auch gefährlich. Nun hieß es, vorsichtig zu sein. „Ja, wir ermitteln bereits in dieser Richtung. Was allerdings nicht so einfach ist – in diesen unruhigen und aufwieglerischen Zeiten. Wo beginnt man? Wir müssen behutsam sein – auch wenn man gewissen Berufsgruppen durchaus Perversionen zutraut. Da scheuen einige dieser Künstler ja vor nichts zurück und zeigen Menschen oder Geschehnisse hässlich, verzerrt, ja geradezu pervers."

Er unterbrach seinen Redeschwall, um nicht in Rage zu geraten. Diese selbsternannten Maler waren ihm ein Gräuel, nur musste dieser Reporter das nicht wissen. Wie oft waren sie schon ausgerückt, um unzüchtige Nacktbilder oder Bordellszenen zu beschlagnahmen. Obszön und verderblich! Sogar vor Gericht gestellt hatte man einige Künstler, doch irgendwoher kamen stets Fürsprecher und sie durften ihre grässlichen Bilder weitermalen. Wo sollte das hinführen? Oh ja, hier in Regensburg gab es durchaus einige dieser subversiven Gestalten. Sie waren bei der Polizei längst aktenkundig. Elendes Künstlerpack!

***

Das Getöse war kaum zu ertragen. Laut heulten die Geschosse durch die Luft – dann der dumpfe Knall, wenn sie in der Nähe auf die nasse Erde trafen und dort explodierten. Fast ununterbrochen regnete es Lehm- und Gesteinsbrocken gemischt mit Metallsplittern. Das Schlimmste war die Feuchtigkeit: Seine Stiefel ließen sich im knöcheltiefen Matsch kaum bewegen und schienen am Boden festzukleben. An schnelle Bewegungen war nicht zu denken. Aber das ging allen Kameraden so, man musste eben Glück haben.

Er kauerte neben seinem Freund Thomas und einem unbekannten Soldaten namens Willi aus Niederbayern im Schützengraben und hoffte, dass dieses Inferno bald vorbei war. Machen konnten sie ohnehin nichts, nur abwarten und hoffen. Doch der Angriff wurde immer heftiger, die Einschläge kamen näher. Er fror vor Angst und warf Thomas einen entsetzten Blick zu. Würden sie es diesmal schaffen?

Ein ohrenbetäubender Knall machte seine Hoffnungen zunichte. „Thomas?", rief er durch den dunklen Rauch und den Dreck, der durch die Luft flog. Und noch einmal, nun schriller: „Thomas?"

Doch sein Kamerad antwortete nicht. Hektisch begann er damit, sich einen Weg durch den matschigen Grund zu bahnen und versuchte, Thomas in der Dunkelheit zu finden. Dabei stolperte er und stürzte auf einen menschlichen Körper.

„Thomas!", schrie er noch einmal – keine Antwort.

Er tastete sich vor. Seine Hände griffen in etwas Warmes. Es bewegte sich, lief über seinen Handrücken, pulsierend. Dann hörte er den Schrei. Immer lauter und lauter. Er hielt sich die Ohren zu, konnte es denn nicht aufhören?

„Mein Herr!" Jemand rüttelte fest an seinem Arm. „Mein Herr, wachen Sie doch auf. Und hören Sie um Himmelswillen auf zu schreien!" Die Stimme des Mädchens klang verzweifelt.

Langsam kam er zu sich. Er hatte wieder geträumt. Schweißnass richtete er sich auf. Er musste auf der Chaiselongue eingeschlafen sein. Wie viel Uhr es wohl war? Das Licht war noch gut, allzu spät konnte es nicht sein.

Das Mädchen starrte ihn an. Er sah eine Mischung aus Mitleid und Ekel in ihrem Gesicht. Und Angst. „Es war der Krieg, nicht wahr? Sie haben laut geschrien, es war schrecklich."

„Tut mir leid", murmelte er, während er sich das Gesicht mit beiden Händen rieb. „Und jetzt zieh dich aus. Ich möchte arbeiten."

SCHLEHBERGER UND DER FEHLENDE MORD

Grantig kaute Schlehberger auf einem Grissini-Stangerl herum. Seine Pizza ließ schon viel zu lange auf sich warten. Außerdem hatte ihn seine Frau an diesem Abend in ein Lokal geschleppt, in dem sich überwiegend die Möchtegern-Schickeria Neumarkts herumtrieb. Genau die Sorte von Leuten, die Schlehberger überhaupt nicht ausstehen konnte!

„Jetzt schau dir mal diese Weibsbilder dort an, Rosi!", knurrte er in feinstem Oberpfälzisch. Genervt deutete er mit dem angebissenen Grissini in Richtung eines kleinen Tisches, an dem zwei Mitdreißigerinnen saßen. „Jede von den beiden fotografiert sich jetzt schon mindestens zum zehnten Mal selbst!"

Roswitha Schlehbergers Blick folgte dem Grissini ihres Gatten, fand aber nicht die beschriebenen Personen.

„Die sind mir schon negativ aufgefallen, als sie hier angekommen sind", fuhr Schlehberger fort. „Kommen beide mit ihren Sportcoupés angefahren, haben dabei das Handy am Ohr und stellen sich dann ins Halteverbot. Solche wie die kenn' ich, Rosi! Nix leisten, aber De-signer-Kleider tragen und Sportwagen fahren!"

Roswitha Schlehbergers Blick hatte endlich die beiden gesuchten Personen gefunden. „Ah, weißt du nicht, wer das ist? Das ist die jun-ge Frau vom Rechtsanwalt Altdorfer."

„Welche?" Schlehberger wechselte die Ausrichtung seines Stan-gerls zwischen den beiden Frauen hin und her.

„Die, die jetzt grad ein Selfie macht", antwortete seine Frau. „Die und der alte Altdorfer haben doch erst heuer geheiratet."

„Wie ich es mir gedacht habe", brummte der Oberpfälzer. „Meine Kombinationsgabe ist echt unschlagbar: Ganz sicher bringt er das Geld heim und sie schmeißt es wieder zum Fenster hinaus!" Miss-trauisch biss er ein Stück von seinem Grissini-Stangerl ab. Irgendet-was hatte gerade seinen kriminalistischen Spürsinn geweckt. „Würde mich nicht wundern, wenn die Dreck am Stecken hat!"

Der Mercedes verließ Deining über die B8 und glitt sanft durch die Dunkelheit. Entgegen der Wettermeldung hatte es nicht geschneit, aber die Temperatur war auf unter 0°C gefallen. Doktor Altdorfer drehte die Heizung ein wenig weiter auf. Obwohl sich stellenweise Glatteis auf der Straße spiegelte, fühlte er sich sicher. Er war nie ein schneller Autofahrer gewesen. Lieber fuhr er etwas langsamer und konnte dadurch länger Vivaldi oder Bach aus den Lautsprechern sei-nes Wagens lauschen. Außerdem hatte er sein Auto erst gestern win-terfest machen lassen. Es gab also keinen Grund zur Beängstigung.

Mit Erreichen des Weißmarterberges drosselte er seine Geschwin-digkeit nochmals, um sich auf die abschüssigen Serpentinen vorzu-bereiten. Als er merkte, dass er auf den glatten Stellen etwas zu drif-ten begann, wollte er souverän dagegen lenken. Doch der Wagen rea-gierte kaum. Obwohl der Rechtsanwalt das Lenkrad weiter ein-schlug, rutschte er geradeaus auf die Leitplanke zu! Schließlich stieg er auf die Bremse, wodurch sich das Auto drehte, sodass Altdorfer schräg gegen die Leitplanke krachte und auf der glatten, abschüssigen Straße unaufhaltsam an ihr entlangschrammte. Er fluchte. Wenn er nicht endlich Gripp unter den Reifen bekam, würde er wohl den ganzen Berg hinunter an der Leitplanke weiterschleifen und seinen schönen Mercedes völlig demolieren! Doch nach einigen Metern weiteten sich vor Schreck seine Augen. Ein Stück vor ihm wurde die Leitplanke von der Zufahrt zu einem Waldweg unterbrochen! Unfähig auszuweichen, schlitterte er direkt darauf zu. Als er die Stelle erreichte, hatte er kaum eine Chance, seinen Wagen auf dem steil nach unten führenden Waldweg zum Stehen zu bringen. Nach wenigen Metern knickte dieser abrupt ab und Altdorfer schoss geradeaus weiter. Unter ihm eröffnete sich ein dunkler Abgrund! Der Mercedes fiel in die Tiefe und krachte schließlich hart auf eine Wiese, wo er sich mehrmals überschlug, bis er endlich auf dem Dach liegend zum Stillstand kam. Aber das erlebte Doktor Altdorfer nicht mehr.

Der nächste Tag begann für Schlehberger mit bösen Vorzeichen. Erstens war seine persönliche Kaffeetasse von jemand anderem benutzt und hinterher nicht gespült worden. Zweitens hatte irgendwer seinen Papierkorb bis zum Überquellen vollgestopft. Und drittens trug Kollege Sauerbier erneut eines dieser grellbunten Hemden, die sich nach Schlehbergers Meinung sehr gut als Fernseh-Testbild eignen würden, aber nicht als Bekleidung für einen Kripo-Beamten. Ein Polizist musste schließlich seriös wirken und Autorität ausstrahlen – und nicht wie ein Haubentaucher daherkommen!

Die Frage, auf welches Unheil diese Omen wohl hindeuteten, wurde beantwortet, als kurz nach 9 Uhr eine ältere Dame aufs Präsidium kam. Von seinem Bürofenster aus konnte er sehen, dass sie bereits beim Hereinkommen diesen energischen Blick aufhatte, den vor allem anstrengende Leute benutzten, wenn sie glaubten, etwas zur Verbrechensaufklärung beitragen zu können.

Tatsächlich bahnte sie sich gleich darauf vom Empfangstresen aus ihren Weg zum Büro, das er sich mit Kollege Sauerbier teilte.

„Grüß Gott!", platzte es in tiefstem Mittelfränkisch aus ihr heraus. „Röthenbacher ist mein Name. Ich muss Sie dringend wegen dem Doktor Altdorfer sprechen! Stellen S' Ihnen vor: Das gestern Nacht – das war kein Unfall!"

Schlehberger und Sauerbier hörten sich notgedrungen an, was die Dame zu erzählen hatte. Es ging um den tragischen Verkehrsunfall, den der Rechtsanwalt gestern Abend bei der Heimfahrt von der Weihnachtsfeier des ‚Tigers Club' erlitten hatte. Er war auf der Fahrt von Deining nach Neumarkt am berüchtigten Weißmarterl von der Straße abgekommen und einen Hang hinabgestürzt. Es hatte stellenweise Glatteis gehabt. Der Fall war klar: Alle Spuren deuteten auf unangepasste Fahrweise hin.

Frau Röthenbacher, die sich als Sekretärin des Verstorbenen herausstellte, erzählte nun jedoch eine andere Version, wonach es Schlehberger äußerst stark in den Fingern juckte, Ermittlungen einzuleiten!

„Der Herr Doktor Altdorfer war immer so ein besonnener Autofahrer gewesen", fränkelte sie weiter. „Unvorstellbar, dass der einen Unfall baut. Der ist doch auch noch extra mit seinem Auto beim ‚Gummi-Baum' gewesen, damit es winterfest gemacht wird. Glauben S' mir, da muss was Anderes im Spiel gewesen sein!"

Schlehberger atmete tief durch. Natürlich erinnerte er sich an gestern Abend, als die junge Frau Altdorfer nur ein paar Tische weiter gesessen war. „Und was soll Ihrer Meinung nach passiert sein?", fragte er in seiner Oberpfälzer Art.

„Seine Frau – das junge Ding – die hat ihre dreckigen Hände im Spiel! Jetzt, wo er tot ist, ist sie doch die Alleinerbin von dem ganzen Vermögen! Und wenn S' mich fragen, dann hat die hundertprozentig einen Geliebten! So eine, die so gern auf den Putz haut – was will denn die mit so einem alten Dackel wie's der Altdorfer gewesen ist?"

Schlehberger freute sich innerlich, dass hier jemand genau seine persönliche Meinung widerspiegelte. Er musterte Frau Röthenbacher abschließend, dann warf er dem Kollegen Sauerbier einen dienstbeflissenen Blick zu. Der jungen Altdorferin musste man besser mal auf den Zahn fühlen!

„Sauerbier", äußerte er im schroffen Dienst-Ton, „ist das Auto von dem Altdorfer schon abgeschleppt worden?"

Der Kollege schüttelte den Kopf.

„Dann schicken wir nochmal die Spurensicherung hin", kommandierte er weiter. „Und machen S' gleich einen Termin mit der Altdorferin aus!"

Die junge Witwe trug ein schwarzes Kleid mit Hut und Trauerflor wie in einem Schmalzfilm. Allein das machte sie für Schlehberger noch verdächtiger. Während sie sich mit einem Taschentuch in der Hand die Tränen aus den Augen wischte, bat sie die beiden Kommissare in ihre Villa hinein. Bereits die Diele war größer als Schlehbergers Wohnzimmer und luxuriöser ausgestattet. Streng nahm er alles in Augenschein, während sie von der Witwe in den Salon geführt wurden.

„Frau Altdorfer, ich mach's kurz", setzte der Oberpfälzer in seiner ruppigen Art an. „Wir ermitteln im Todesfall Ihres Gatten wegen Mordes."

Schlagartig wich der jungen Frau alle Farbe aus dem Gesicht. „Um Himmels willen! Mord?", keuchte sie. „Was veranlasst sie denn dazu? Ich meine, es gab doch keinerlei Hinweise, dachte ich? Mein Mann war doch ganz alleine unterwegs – wie hätte ihn denn jemand umbringen sollen?"

Schlehberger warf seinem Kollegen einen pflichteifrigen Blick zu. „Naja, wir haben Informationen, wonach es mindestens eine Person mit Motiv geben könnte. Da bleibt uns gar nichts anderes übrig, als dass wir aktiv werden."

Die junge Altdorferin schluckte. „Und wen haben Sie unter Verdacht?"

Schlehberger krümmte die Unterlippe und zuckte mit den Schultern. „Vorab können wir keine Details abliefern. Aber ich müsste Sie bitten, mir Ihr Handy entsperrt zu übergeben."

Die Witwe schluckte abermals. Dann nickte sie zaghaft und stand auf. „Es ist in der Küche. Ich hole es eben her."

Sie ließ die beiden im Salon zurück. Sobald die Türe geschlossen war, wandte sich Sauerbier an seinen älteren Kollegen. „Ernst, dir ist schon klar, dass du mal wieder mit dem Feuer spielst? Du darfst nicht einfach ihr Handy verlangen – das verstößt gegen die Dienstvorschriften!", mäkelte er in gestochenem Hochdeutsch.

„Zuschauen und lernen!", raunzte Schlehberger zurück. „Hast du gesehen, wie die bei *Mord* zusammengezuckt ist? Die hat absolut nicht damit gerechnet, dass nochmal die Polizei vorbeikommt."

„Ja, aber deine illegalen Maßnahmen kosten mich noch meine Karriere! Was willst du überhaupt mit ihrem Handy?"

„Sag ich dir draußen!"

Das Gespräch verstummte, als Frau Altdorfer mit ihrem Mobiltelefon zurückkam und es Schlehberger hinhielt. Mit nüchternem Blick nahm er es entgegen.

Draußen im Auto holte Schlehberger das Handy wieder hervor. „Sauerbier, jetzt kriegst du eine neue Lektion von mir!"

Er schaltete das Handy ein und öffnete die Galerie, um gespeicherte Fotos zu betrachten.

„Was wir da tun, ist sowas von strafbar!", zischte Sauerbier aufgeregt.

„Psst!", machte der ältere Kollege. „Ich spüre im Ischias, dass die Altdorferin was mit dem Tod von ihrem Mann zu tun hat! Und nachdem sie zu den Leuten gehört, die alle zehn Minuten ein Bild von sich selbst machen müssen, kann ich mir nicht vorstellen, dass auf diesem Gerät keine Beweise dafür drauf sind!"

Schlehberger wischte ein Foto nach dem anderen zur Seite. Tatsächlich war weit mehr als jedes zweite Bild ein Selfie. Schnell fand er die Bilder vom gestrigen Abend, davor zahlreiche Aufnahmen beim Einkaufen und aus einem Wellness-Urlaub.

„Und?" Sauerbier hatte dem Drang abzutauchen nachgegeben und war in seinem Autositz nach unten gerutscht. „Findest du wenigstens etwas Brauchbares?"

„Nicht direkt", gab Schlehberger zu. „Aber sie war schon auffällig oft bei diesem Reifen-Tandler in der Ingolstädter Straße."

„Der ‚Gummi-Baum'?", fragte Sauerbier.

„Ja, hier kann man sehr gut sein Logo erkennen. Und der ist doch ganz adrett, oder? Also den Inhaber von dieser Werkstatt, meine ich", überlegte Schlehberger laut. „Für so ein junges Ding wie die Altdorferin, da wäre der doch genau der Richtige, oder?"

„Du meinst, die könnten eine Affäre haben?"

„Davon gehe ich schwer aus!"

„Aber, Ernst, das ist doch alles hochspekulativ", wandte sein Kollege ein.

„Wir fahren auf jeden Fall als Nächstes dort hin!", brummte der Oberpfälzer.

Thorsten Baum – der Inhaber der Werkstatt, die überall nur als ‚Gummi-Baum' bekannt war – gab überraschend schnell zu, dass er mit der jungen Frau Altdorfer eine Liaison hatte. Er verwies darauf, dass dies ja wohl nicht strafbar sei – was selbst Schlehberger nicht abstreiten konnte.

Obwohl ihn der Kommissar gleich als zwielichtigen Gesellen einschätzte, gab es keinerlei Hinweise darauf, dass Altdorfers Auto in seiner Werkstatt böswillig manipuliert worden wäre. Die Unterlagen des Auftrags, den Mercedes winterfest zu machen, waren korrekt und die Sommerreifen waren noch eingelagert.

Während Schlehberger alles Punkt für Punkt durchging, stand Thorsten Baum daneben und ließ die beiden Kommissare nicht aus den Augen. Er musterte sie mit undurchdringlichem Blick und steckte sich dabei ein Lakritz-Bonbon nach dem anderen in den Mund.

Schließlich unterhielt sich Schlehberger noch mit dem Auszubildenden, welcher bei dem Auto des Rechtsanwaltes Scheibenreiniger und

Motoröl nachgefüllt hatte. Doch als er nach eingehender Befragung der Meinung war, dass dieser Milchbubi nicht imstande war, Beihilfe zum Mord zu leisten, gab er Sauerbier das Zeichen zum Abzug.

Unter dem kritischen Blick des Lakritz-essenden Werkstattinhabers verließen sie den ‚Gummi-Baum' wieder und Sauerbier äußerte in sauberem Hochdeutsch seinen Unmut. „Ich habe es dir gleich gesagt, Ernst! Das bestätigt nur, was uns die Spurensicherung bereits mitgeteilt hat! Nämlich, dass mit dem Wagen alles in bester Ordnung war! Das ist Blödsinn mit diesen Mordermittlungen! Jetzt bekommen wir sicherlich Probleme, weil du der Altdorferin das Handy abgenommen hast. Du und deine eingebildete Spürnase!"

Schlehberger blieb jedoch ruhig. „Schön langsam", brummte der Oberpfälzer. „Ich täusch' mich selten. Ich erkenn' einen Mörder, wenn ich einen seh'."

Dennoch musste er sich eingestehen, dass die Sache nicht ganz rund war. Auch wenn er zwei Personen mit Motiv hatte und eine Leiche, fehlte zum Mord immer noch … der Mord selbst!

Zurück auf dem Revier tobte der Chef. Schlehberger ließ die Tirade wie immer über sich ergehen, ohne sich viel dabei zu denken. Aber Sauerbier schrumpfte in seinem Bürostuhl auf die Größe eines Playmobil-Männchens zusammen.

Es ging natürlich darum, dass sie der Altdorferin das Handy abgenommen hatten. Ein paar Stunden, nachdem sie bei ihr gewesen waren, war sie zu ihrem Liebhaber gerannt. Der hatte ihr dann klargemacht, dass ein Beamter nicht einfach die Herausgabe eines Handys verlangen kann. Während Schlehberger und Sauerbier im ‚Ganskeller' ihr Mittagessen eingenommen hatten, waren die beiden erbost auf dem Präsidium aufgetaucht.

Schlehberger sah eine Weile zu, wie seinem Chef die Zornesader auf der Stirn immer weiter anschwoll, und fragte sich, ob sie wohl demnächst platzen würde. Aber auch dieses Mal tat sie ihm nicht den Gefallen.

„Jetzt regen Sie sich nicht so auf", wiegelte der Kommissar schließlich ab. „Ich habe mich wie immer korrekt verhalten. Schließlich habe ich die Herausgabe des Handys nicht verlangt, sondern lediglich darum gebeten – offiziell hat sie es mir also freiwillig übergeben."

Die Zornesader schwoll erneut ein wenig an, aber der Chef konnte nichts machen. Schlehberger hatte die Wahrheit gesagt. Er war zwar ruppig und griff auf ungewöhnliche Ermittlungsmethoden zurück, aber er war schließlich kein Depp!

Wutentbrannt verließ seine Führungskraft das Büro – jedoch nicht, ohne sich noch einmal mit hochrotem Kopf umzudrehen. „Das sage ich Ihnen beiden: Der ‚Gummi-Baum' hatte mal was mit der Stadträtin Kastler. Seitdem hat er beste Verbindungen ins Rathaus! Wenn in diesem Fall nichts rauskommt, dann sind Sie beide endgültig fällig!"

Mit diesen Worten knallte er die Tür von draußen zu und Sauerbier rutschte beinahe vor Angst unter seinen Schreibtisch. „Das war's", wimmerte er. „Meine schöne Karriere …"

„Jetzt reiß' dich mal z'amm", knurrte Schlehberger. „Die Altdorferin und der ‚Gummi-Baum' haben Dreck am Stecken! Und das werde ich heute noch beweisen!" Er dachte angestrengt nach. „Am besten, wir schauen uns jetzt mal das Fahrzeug selbst an."

„Aber das hat die Spurensicherung schon zwei Mal angeschaut", wandte Sauerbier mit flehentlichem Unterton ein. „Und sie haben nichts gefunden."

„Pfeifendeckel!", gab Schlehberger besserwisserisch zurück. „Bloß, weil die nichts gefunden haben, heißt das noch lange nicht, dass es da nichts zu finden gibt! Wir fahren da jetzt mal selber hin!"

Die Unfallstelle befand sich im Schatten der hohen Fichten des Weißmarterberges. Der Raureif knarzte unter ihren Füßen, als Schlehberger und Sauerbier auf den schrottreifen Mercedes zugingen. Das Auto lag immer noch auf dem Dach, so wie es beim Ausrollen nach dem Absturz von der B8 stehen geblieben war. Auch die abgebrochenen

Teile, die beim Unfall fortgeschleudert worden waren, waren noch überall in der Gegend verstreut zu finden.

Konzentriert ging der Oberpfälzer einmal um das kaputte Fahrzeug herum und verengte die Augen zu Schlitzen. Nachdem er nichts gefunden hatte, wechselte er die Richtung. Sauerbier, der immer nervöser wurde und mit fortschreitender Zeit die Chance, dass sein Kollege etwas finden würde, verschwinden sah, begann zu wimmern. „Oh Gottogott! Die werden uns eine Dienstaufsichtsbeschwerde aufbrummen!"

Schlehberger beäugte den jungen Kollegen musternd. War er selbst auch mal so ein zittriges Bürschchen gewesen? So voreilig und schreckhaft? Er konnte sich jedenfalls nicht daran erinnern. Es war Zeit, dem Jungspund mal wieder eine Lektion zu erteilen!

„Sauerbier, schau mal hier her!" Bereitwillig folgte der junge Kollege seinen Worten. „Sieh dir das an. Fällt dir da etwas auf?" Schlehberger deutete auf die Reifen des Mercedes.

„Das sind einwandfreie Winterreifen", antwortete der Kollege. „Sie sind in sehr gutem Zustand, Profiltiefe mehr als ausreichend. Außer, dass sie schweineteuer sind, fällt mir sonst nichts dazu ein."

„Und was ist das hier?" Schlehberger zeigte auf eine farbige Markierung.

„Das sind Kreidezeichnungen von der Werkstatt", sagte Sauerbier. „Die werden beim Einlagern gemacht, damit man später beim erneuten Montieren weiß, welcher Reifen an welche Position gehört. Auffällig ist nur, dass sie an der Außenseite angebracht wurden. Zumeist ist es eher üblich, sie an der Flanke anzubringen."

„Genau", bestätigte Schlehberger. „Und du findest es nicht merkwürdig, dass die Kreidezeichnungen immer noch dran sind, obwohl der Altdorfer gestern ungefähr zwanzig Kilometer zurückgelegt hat, wenn er nach Deining und zurück gefahren ist? Normalerweise müssten sie längst abgefahren sein."

Sauerbier überlegte, fand aber keine Antwort.

„So", machte Schlehberger, der sich in der Zwischenzeit ein paar Schritte entfernt hatte. „Und jetzt sieh dir das mal an." Er deutete vor sich auf den Boden.

„Fußspuren?", entfuhr es dem jungen Kollegen.

„Richtig!", bestätigte Schlehberger. „Da ist jemand mehrmals hin und her gegangen. Hier im Schatten der Bäume ist der Raureif auch tagsüber nicht verschwunden und hat die Spuren erhalten. Man muss aber schon hierher kommen, um sie zu entdecken."

„Könnte das nicht auch jemand von der Spurensicherung gewesen sein?"

„Könnte schon", brummte Schlehberger. „Das finden wir raus, wenn wir ihnen folgen."

Der Kommissar näherte sich weiter dem Wald und blieb schließlich kurz vor den Bäumen stehen. Sauerbier sah erst, als er zu ihm aufgeschlossen hatte, dass hier noch andersartige Abdrücke im Raureif zu sehen waren. „Was ist da passiert?", fragte er gespannt.

„Da ist jemand gestürzt", knurrte Schlehberger. „Jemand, der etwas Schweres transportiert hat. Und hier sieht man auch, was er getragen hat, weil es ihm nämlich aus den Händen gefallen ist!"

Er deutete auf einen großen, kreisrunden Abdruck.

„Ein Autoreifen!", entfuhr es Sauerbier.

Der ältere Kollege nickte. „Jemand ist kurz nach dem Unfall hier gewesen und hat die Reifen gewechselt."

„Damit es so aussieht, als hätte Doktor Altdorfer einwandfreie Winterreifen drauf gehabt!", ergänzte Sauerbier. „Und in Wahrheit hat man ihm möglicherweise unbrauchbare Reifen montiert, damit er auf dem Glatteis einen Unfall baut?"

Schlehberger schnitt sich ein Stück der schwarzgeräucherten Bratwurst ab, steckte es sich in den Mund und kaute genüsslich darauf herum.

„Und wie habt ihr dann nachgewiesen, dass es der Thorsten Baum gewesen ist?", fragte Rosi, während ihr der Kellner eine weitere Weinschorle brachte.

„Eine ungewöhnliche Leidenschaft hat ihn verraten." Zufrieden holte Schlehberger aus seiner Jackentasche ein kleines Bonbonpapier hervor.

„Lakritz-Gummi?", fragte Rosi erstaunt.

Schlehberger schnaubte verächtlich. „Ganz genau. Als ich ein paar von den Dingern auf dem Boden gefunden habe, wusste ich sofort, dass wir den ‚Gummi-Baum' mit diesen Beweisen rumkriegen. Den Bärendreck frisst außer ihm wahrscheinlich in ganz Neumarkt keiner! Außerdem waren seine Fingerabdrücke drauf." Er lud als Nächstes eine Portion Sauerkraut auf seine Gabel. „Tja, und dann haben wir sofort einen Streifenwagen zum ‚Gummi-Baum' geschickt und den Schnösel festnehmen lassen. Praktischerweise war's Gschpusi von ihm auch gerade da. Als wir die beiden mit den Vorwürfen konfrontiert haben, haben sie glatt alles gestanden. Die wussten ja, dass der Altdorfer abends zu der Weihnachtsfeier vom Tigerentenclub fahren würde."

„Tigers Club", berichtigte ihn seine Frau.

„Jedenfalls hat dieser ‚Gummi-Baum' ihm die allerletzten Reifen aufmontiert. Der Altdorfer hat das natürlich nicht gemerkt und ist losgefahren. Der ‚Gummi-Baum' hat sich dann einfach dort hingestellt, wo der Alte mit der größten Wahrscheinlichkeit abstürzen würde. Da hat er auf ihn gewartet und dabei diesen Bärendreck gegessen. Nach dem tödlichen Unfall hat er die Reifen gewechselt, damit alles normal wirkte, und hat sich aus dem Staub gemacht. Er und die junge Altdorferin haben sich wahrscheinlich schon ausgemalt, was sie mit dem Erbe anfangen würden." Erneut stach er mit der Gabel in seine Schwarzgeräucherte und schnitt ein Stück ab. „Aber nicht, solange das hier MEIN REVIER ist!", setzte er triumphierend hinterher.

Als er die Gabel zum Mund führen wollte, hielt er plötzlich inne. Er starrte auf einen Gast, der ein paar Tische weiter saß.

„Was ist los, Ernst?", fragte Rosi.

„Also der Kerl da", sagte Schlehberger fassungslos und zeigte mit der Gabel auf den Mann. „Der fotografiert jetzt schon zum zehnten Mal sein eigenes Essen. Erst hat er's auf den Schweinsbraten abgesehen g'habt und jetzt macht er sogar Bilder vom Beilagensalat! Dann tippt er auf seinem Handy herum, um es an seine Bekannten zu schicken. Macht man das jetzt so? Ich meine, ist das normal, dass man sein Essen fotografiert und überall herzeigt?"

Roswitha Schlehbergers Blick folgte seiner Gabel. „Ach das, das ist doch der Architekt Brombacher. Der hat den Zuschlag für den Bau der neuen Jurahallen erhalten." Sie warf ihrem Mann einen erstaunten Blick zu. „Dass du das nicht mitbekommen hast. Es ist doch höchst umstritten, dass gerade er die Baugenehmigung erhalten hat."

Schlehbergers Augen verengten sich zu Schlitzen, als irgendetwas gerade seinen kriminalistischen Spürsinn weckte. „Würde mich nicht wundern, wenn der Dreck am Stecken hat!"

Johann Maierhofer

NEUNBURGER FENSTERSTURZ

SVETLANA UND IHRE TOCHTER

Die schöne Svetlana geht mit ihrer Tochter die Hauptstraße des kleinen Ortes hinunter. Ihr blondes Haar ist unter einer Mütze versteckt. Lustig schauen die Spitzen heraus und umspielen das junge Gesicht.

An ihrer Hand hüpft munter ihre Tochter. Eine Hand in der Hand der Mutter, die andere Hand schwingt tänzerisch die Einkaufstüte mit den Eroberungen aus dem Pressezentrum, dem Eldorado eines jeden Kindes. Spielsachen, Schreibwaren und bunte Heftchen in einer liebevoll präsentierten Auswahl, für welche die sechs Einkaufszentren rund um den kleinen Ort kein Augenmaß haben. Auch Bücher kann man dort bestellen und die sind am nächsten Tag da. Genauso wie bei Amazon. Nur dort fehlt das freundliche Lächeln der Besitzerin. Und die im Eigenverlag produzierten örtlichen Heimatromane gibt es bei Amazon auch nicht.

Aber all das interessiert Svetlanas Tochter noch nicht. Vielleicht, wenn sie älter ist. Wenn sie dann noch in diesem Ort wohnt. Oder ihre

Mutter, die das Schicksal hierher gespült hat. Und leicht wieder wegspülen kann. Ihre tschechische Heimat ist nur einen Katzensprung – oder eine Taxifahrt – entfernt. Trotzdem bindet die Tochter sie hier.

Die Tochter, die jetzt munter die Tüte mit den Einkäufen schwingt. „Gib acht", wird sie von ihrer Mutter ermahnt. Zu spät. Ein Gläschen fliegt aus der Tüte, beschreibt einen Bogen und geht den Weg aller Schwerkraft, fliegt zu Boden und zerspringt. Die rote Tinte ergießt sich auf die Straße. Wie Blutspritzer. Mutter und Tochter sind erschrocken. Kein Schimpfen, nur ein Bedauern. Rote Tinte, die sich zum Schreiben eignet und zum Malen. Und hier wie Blut liegt.

Hier, vor dem Tor, in der Mitte der Stadt, neben der zweiten Buchhandlung des Ortes, „Am Tor" genannt, vor dem Torbogen, der unter dem Rathaus durchführt, wo der Neunburger Stadtrat regelmäßig tagt. Auch heute Abend.

Mutter und Tochter gehen weiter. „Das wischt der Regen weg", sagt Svetlana, mehr zu sich selber, wie um ihren Ordnungssinn, der zum Wegmachen des roten Fleckes drängt, zu beruhigen.

Sie kann nicht ahnen, dass der Fleck abends sowieso nicht mehr zu sehen sein wird. Überdeckt. Von einem anderen roten Fleck – hier direkt unterhalb des Sitzungssaales, neben der Buchhandlung, der Buchhandlung „Am Tor", in der öfter Lesungen stattfinden.

Jetzt ist auf einem Plakat die neue Krimianthologie des Oberpfälzer Schriftstellerverbandes angekündigt. Das Plakat ist von den Tintenspritzern verschont geblieben. Und auch Blutspritzer sind noch nicht drauf.

POLITIKER UND UNTERNEHMER

Eine Stunde später sieht der Platz einen erregt gestikulierenden Bürgermeister aus dem Rathaus kommen. In ein Gespräch mit einem gutgekleideten dunkelhaarigen Mann verwickelt, der vom Aussehen her schon das Image eines erfolgreichen Unternehmers ausstrahlt. „Ja, das machen wir wie besprochen, darauf kannst du dich verlassen", sagt der Amtsträger.

Hier passiert das, was in allen Städten passiert, wenn Geld und Macht zusammenkommen.

SVETLANA UND UNTERNEHMER

Wieder eine Stunde später sieht die Wohnung Svetlanas den dunkelhaarigen Mann. Die Tochter ist wie immer, wenn dieser Mann kommt, eingeschüchtert. In Gedanken ganz woanders fährt er Svetlana an:

„Bist du nicht zufrieden? Du hast doch alles, was du brauchst. Bei der Stadtverwaltung kannst du ab und zu als Übersetzerin arbeiten, hast hier schon viele Leute kennengelernt, und ich geb dir so viel Geld, wie du brauchst."

„Und bekommst von mir Informationen."

„Das ist der Deal", lächelt er sie an.

Ein Lächeln, das ihm schnell vergeht, als Svetlana das Gespräch auf den Vater ihres Kindes bringt.

„Das ist mein größter Trumpf", sagt er ihr wieder einmal deutlich. „Bald wird hier alles vorbei sein, dann kannst du machen, was du willst. Du bekommst dann dein Geld und kannst weggehen oder versuchen, auf heile Familie zu machen. Das interessiert mich dann nicht mehr."

POLITIKER IM RATHAUS

Eine Stunde später treffen sich im Rathaus Mitglieder der führenden Partei zur Fraktionssitzung. Es wird die am Abend stattfindende Stadtratssitzung durchgesprochen.

„Muss das wirklich sein? Wir brauchen doch keinen siebten Supermarkt in unserem Ort. 7000 Einwohner und sieben Supermärkte – das ist doch Irrsinn."

Der Fraktionsvorsitzende diskutiert wieder einmal mit dem Amtsträger. Die anderen Fraktionsmitglieder sind still. Teils uninteressiert, teils vorher schon vom Amtsträger scheinbar überzeugt worden.

165

„Freie Marktwirtschaft – wenn jemand investieren will, soll er – Gewerbesteuer."

Es sind immer die gleichen Argumente, die ein Handeln zum Wohle der Stadt darstellen sollen, obwohl es eigentlich um etwas anderes geht.

Nach einer halben Stunde wird abgestimmt. Darüber abgestimmt, wie in der Sitzung abgestimmt werden soll.

EINE GESCHICHTE

Die ganze Stadt kennt die Geschichte. Über einen Kuraufenthalt kam die Geschichte in die Stadt zurück. Über den Kuraufenthalt einer Bewohnerin, die sich 200 Kilometer entfernt von hier in der Sauna mit einem Mann unterhielt. Einem Taxifahrer aus der nahen Kreisstadt. Als sie erzählte, wo sie herkam, lachte der Mann laut auf und erzählte die Geschichte, die Geschichte einer nächtlichen Taxifahrt mit ehrbaren und weniger ehrbaren Bürgern, Honoratioren, Entscheidungsträgern, Unternehmern aus eben dieser Stadt ins nahe Tschechien; dem Abliefern der Fracht vor einem bekannten Etablissement; dem stundenlangen Warten und der Rückfahrt im Morgengrauen.

UNTERNEHMER UND SVETLANA

Der dunkelhaarige Unternehmer ruft im Rathaus an: „Wie war die Fraktionssitzung?"

„Alles in Ordnung."

Noch drei Stunden bis zur Sitzung.

Er legt den Telefonhörer auf und fährt noch mal in Svetlanas Wohnung.

Svetlana ist zu Hause.

„Heute Abend ist alles vorbei", sagt er ihr.

Ist es sein Gewissen? Will er der Frau ein frei entscheidbares Leben ermöglichen? Oder nur mit der letzten großen Zahlung die laufenden Zahlungen beenden?

Egal.

Svetlana schaut ihn an. Schaut durch ihn hindurch, schaut in ein neues Leben. Das nicht leichter wird, aber ihr eigenes Leben sein kann. So er es sie dann tatsächlich führen lässt.

DIE STADTRATSITZUNG UND DER SHOWDOWN

Noch eine Stunde bis zur Sitzung.

Der Amtsträger bespricht sich noch mit seinem Beamten, der ihn zur Sitzung begleiten und ihm dort beistehen wird. Er spricht mögliche Argumente der Opposition und Reaktionen des Publikums durch und wie darauf zu reagieren sei. Am meisten fürchtet er den Oppositionsführer. „Auf Dauer wird es Zeit, dass wir ihn loswerden." Der Beamte nickt zustimmend.

Svetlana weiß um die Sitzung. Hoch- und hineingehen will sie nicht. Aber mit ihrer Tochter drunten warten. Bis die Sitzung zu Ende ist. Sie wird vor dem Buchladen stehen und das Plakat mit der Lesung ansehen. Und dann wird es passieren.

Die Sitzung beginnt. Es ist viel Publikum im Saal. Das Thema polarisiert. Zuerst werden noch Bauanträge abgehandelt, ein neuer Zebrastreifen zur Sicherheit der Kinder in der Stadt beschlossen.

Dann wird das neue Einkaufszentrum behandelt.

Schnell soll es durchgewunken werden.

„Freie Marktwirtschaft, Unternehmergeist, Gewerbesteuer."

Die Opposition weiß, dass es schon vorher entschieden wurde.

In der Fraktion. Da kann noch so viel diskutiert werden. Schon vor der Abstimmung sind die Machtverhältnisse klar. Das sind sie eigentlich immer, aber man kommt trotzdem zum Schauspiel „Sitzung" zusammen. Die Demokratie will es so.

Diesmal soll es aber anders werden. Der Oppositionsführer will sein eigenes Schauspiel aufführen. Er steht auf, erhebt die Stimme und sagt zuerst das Übliche; vom Sterben der Innenstadt, während er

167

zum Fenster des Sitzungssaales geht. Dort angekommen, legt er eine Hand auf den Fenstergriff und wechselt das Thema, bezeichnet Marktwirtschaft, Unternehmergeist und Gewerbesteuer als Augenwischerei und verwendet Worte wie „Erpressung", „abhängig sein" und „in der Hand haben", und will das hier im Saal öffentlich aufgedeckt bekommen. „Sonst springe ich aus dem Fenster und dann wird es in ganz Deutschland bekannt." Mit diesen Worten öffnet er das Fenster und steigt auf den Sims.

Noch während er redet, bespricht sich der Amtsträger mit seinem Beamten, steht auf und geht auf den Unruhestifter zu. „Aber Helmut, mach keinen Blödsinn, wir haben uns schon oft darüber unterhalten, und nur weil du jetzt mit deiner Frau Probleme hast, brauchst du doch nicht ..."

Bei diesen Worten erreicht er das Fenster, und während er die Hand zur scheinbaren Hilfeleistung ausstreckt, ertönt wie abgesprochen ein lauter Schrei des Beamten auf der anderen Seite des Raumes, der alle Blicke sofort zu ihm schauen lässt, gefolgt von einem Schrei des Oppositionsführers, der die Köpfe der Anwesenden schlagartig wieder zum Fenster führt. Keiner sieht, wie der Stürzende aus dem Fenster fällt. Später wird der Beamte sagen, dass er den Oppositionsführer hat springen sehen und deshalb entsetzt aufgeschrien hat.

Jetzt sehen alle den Amtsträger mit der ausgestreckten Hand vor dem leeren Fenster stehen.

Kurze Stille.
Ein Aufprall.
Und ein Schrei.
Ein Schrei von jemand anderem als dem Gestürztem.
Von einer Frau.
Hoch und schrill.
Ein Schrei, der nicht zu enden scheint.

Der Amtsträger schaut irritiert aus dem Fenster.

Was er sieht, versteht er nicht. Noch nicht.

Auf der Straße steht Svetlana.

Die schöne Svetlana. Mit den blonden Haaren.

Ihre Tochter ist nicht mehr an ihrer Hand. Sie liegt jetzt da, wo noch die Scherben des zerbrochenen Tintenfasses lagen.

Erschlagen von dem Körper des Mannes, den ihr Vater aus dem Fenster gestoßen hat.

Und der jetzt heruntersieht.

Und zu ahnen beginnt.

Marita A. Panzer

DIE ERMORDETE HERZOGIN

Eine junge Frau wurde in den Fluten der Donau ertränkt. Auf Befehl von ganz oben. Höchstwahrscheinlich ohne anständiges Gerichtsverfahren verurteilte man sie zum Tode. Heimlich, ohne großes Publikum, stürzte der Henkersknecht sie von der äußeren Straubinger Brücke in die Donau. Verzweifelt strampelte die Delinquentin um ihr Leben, konnte einen Fuß aus der Fessel befreien, schwamm ans Ufer. Aber der herbeieilende Scherge drückte den Kopf der Frau mit einer langen Stange unters Wasser, bis sie tot war.

Dies geschah im Jahre des Herrn 1435.

***

Die Tote hieß Agnes Bernauer, von vielen nur „die Bernauerin" genannt. Sie kam aus bescheidenen Verhältnissen und war vermutlich die Tochter eines Baders in Augsburg. Allerdings wurde ihre Schönheit weithin gerühmt, sodass ein Chronist bewundernd schrieb: „Man sagt, das sy so hubsch gewesen sey, wann sy roten wein getrunken hett, so hett man ir den wein in der kel hinab sechen gen." Das heißt, sobald sie roten Wein trank, habe man diesen in ihrer Kehle hinabfließen sehen – so zart, weiß und durchscheinend sei die Haut ihres Halses gewesen.

Agnes lernte Albrecht, den Sohn des mächtigen Herzogs von Bayern-München, wohl in Augsburg kennen, wo dieser bei einem Turnier mitstritt. Schon bald danach weilte die Bernauerin am Münchner Hof – als Geliebte des Herzogssohnes. Heimlich heiratete das ungleiche Paar wenig später und bewohnte einige Zeit die Blutenburg in Menzing vor den Toren Münchens. Nahe dem herzoglichen Jagdschloss war Agnes auch begütert, vermutlich ein Hochzeitsgeschenk ihres Gemahls zur Versorgung seiner nicht standesgemäßen Ehefrau.

***

Bis zu diesem Zeitpunkt nahm Herzog Ernst in München die Liebelei seines Sohnes nicht für voll. Er dachte, Agnes sei eine der vorübergehenden Gespielinnen Albrechts, der bekanntlich die Jagd und die schönen Frauen überaus schätzte.

Dann aber spitzte sich die Sache zu. Albrecht gebärdete sich zunehmend aufsässig, verweigerte dem Vater mehrmals den schuldigen Gehorsam, ließ nicht ab von seiner Agnes, zog mit der Bernauerin gar ins herzogliche Schloss nach Straubing, installierte sie dort als Herzogin, während er selbst im Straubinger Land immer unabhängiger regierte.

Die Grafschaft Vohburg hatte Albrecht bereits von seiner Mutter geerbt, und nun sah es so aus, als wolle er sich auch das Straubinger Gebiet, das noch nicht lange zum Herzogtum Bayern-München gehörte, unter den Nagel reißen.

Das konnte der gestrenge Vater und Landesherr im fernen München nicht zulassen. Womöglich käme es zu einer Teilung seines Herrschaftsgebietes, so fürchtete er wohl, zu einer Schwächung seiner Stellung und Macht gegenüber den lauernden herzoglichen Verwandten in Ingolstadt und Landshut. Hinter diesen Bestrebungen seines Sohnes, der bisher wenig Interesse am Mitregieren gezeigt hatte, konnte doch nur die Bernauerin stecken. Sie allein gab ihm das alles ein. Sie wollte Herzogin in Straubing sein und nach seinem eigenen Tode auch als Herzogin an Albrechts Seite in München einziehen.

Das musste auf jeden Fall verhindert werden!

***

Leider war ein weiterer Erbe im Herzogtum Bayern-München nicht in Sicht. Wilhelm III., der herzogliche Bruder, war kürzlich gestorben und hatte nur einen schwächlichen Knaben hinterlassen, der wohl kaum das Erwachsenenalter erreichen würde. Daher überlegte Herzog Ernst, wie er das drängende Problem der Herrschaftsnachfolge lösen und dieses „böse Weib" zu Straubing – wie er die Bernauerin nannte – für immer loswerden könnte. Denn eines war klar: Albrecht musste endlich standesgemäß heiraten, legitime Kinder bekommen und sich wieder dem väterlichen Willen fügen. Das Herzogtum Bayern-München samt dem Straubinger Land musste ungeteilt bleiben und zusammengehalten werden, koste es, was es wolle. Wenn nun die Bernauerin, die Albrecht beständig den Rücken stärkte, aus dem Weg geschafft wäre, dann würde der Herzogssohn und Nachfolger schon zurück nach München kommen und sich auf seine dynastischen Pflichten besinnen.

***

Also fasste Herzog Ernst den Plan, eine kurze Abwesenheit seines Sohnes aus Straubing zu nutzen und dieses böse Weib zu entfernen. Allein für ihre Anmaßung, sich als rechtmäßige Gemahlin Albrechts auszugeben und wie eine legitime Herzogin in Straubing zu residieren, allein dafür gehörte sie für immer weggesperrt, vielleicht in ein Kloster. Aber sich auch noch als politische Widersacherin aufzuspielen, ja sogar in München durch die herumziehende Aicherin, die neben ihren Waren auch Nachrichten verhökerte, für sich bei den Neubürgern als volksnahe Herzogin Stimmung machen zu lassen – da hörte sich doch alles auf! Womöglich käme es dadurch abermals zu einem Aufruhr in der Stadt, wie bereits vor einigen Jahren, als er – der Herzog – samt seiner Familie und Anhängerschaft aus München flüchten musste. Darum keine Gnade mehr, das böse Weib zu Straubing musste „gen Himmel gefertigt" werden, damit die Machtspiele in der eigenen Familie ein für alle Mal aufhörten.

Auf Geheiß des Münchener Herzogs wurde daher die schutzlose Agnes Bernauer festgenommen, am 12. Oktober 1435 von der äußeren Straubinger Donaubrücke gefesselt in die Fluten gestürzt und zu Tode gebracht. Sie war etwa 25 Jahre alt.

***

Um seinen vor Wut und Trauer rasenden Sohn zu besänftigen sowie den Mord zu sühnen, ließ Herzog Ernst die unerwünschte Schwiegertochter beisetzen, errichtete ihr zum Gedenken auf dem ehrwürdigen Petersfriedhof zu Straubing eine Kapelle, stiftete Seelenmessen und wähnte die Sache damit endgültig abgetan. Womit er schließlich auch Recht behielt. Denn Albrecht fügte sich nach einigen Monaten des Zorns dem Willen seines Vaters und heiratete ein Jahr nach dem gewaltsamen Tode seiner ersten Gemahlin nunmehr die standesgemäße Anna von Braunschweig, welche ihm in der Folgezeit zehn Kinder gebar.

***

Jetzt könnte man meinen, die Geschichte von der Bernauerin hätte damit ihr Ende gefunden. Aber zu vieles in ihrem kurzen Leben bleibt im Dunkeln, zu wenig ist uns einwandfrei überliefert. Deshalb bemächtigte sich die Phantasie der Menschen dieses tragischen Schicksals und brachte eine Fülle von mehr oder weniger poetischen Werken hervor. Auf diese Weise wurde Agnes Bernauer zum Mythos und zur bekanntesten Frauengestalt der bayerischen Geschichte. Friedrich Hebbel und Carl Orff machten die ermordete Herzogin in ihren

Werken unsterblich; die Festspiele von Straubing und Vohburg lassen die Bernauerin regelmäßig auferstehen und wiederum sterben. Ein qualvolles Sterben in den Wassern der Donau, ein gewaltsamer Tod aus vorgeblicher Staatsraison – aber ebenso ein fast sechshundert Jahre zurückliegender Mord an einer jungen Frau, die als eigensinnige Herzogin unerwünscht und als politische Widersacherin zur Unperson bei den Mächtigen, bei den Herren über Leben und Tod, geworden war.

WACHSENDER FELS

Kalkreiches Grundwasser fließt durch die steinerne Rinne der freistehenden Felswand. Über eine Felsnase rieselt es in ein natürliches Becken. Seit ein paar tausend Jahren baut der Quellbach an der fünf Meter hohen Wand. Seit ein paar Sekunden kennen sich eine Frau und ein Mann. Sie kommt eben den Holzsteig heruntergestiegen, der neben dem Wachsenden Felsen verläuft, er benetzt gerade seine Augen mit dem kalten Wasser. Soll Wunder wirken, erklärt er der Fremden und setzt seine Brille wieder auf. Sie glaube nicht an Wunder, sagt sie. Gleichzeitig halten sie ihre Hände in den Wasserfaden und spritzen einander Tropfen ins Gesicht. Beide lachen. Er putzt seine Brille. Sie fährt sich mit der nassen Hand durch die Haare. Die Luft riecht nach Moos und Pilzen. Gemeinsam besichtigen sie noch die Kirche von Usterling, dann besteigen sie ihre unweit voneinander abgestellten Fahrräder und radeln auf dem Isarradweg nach Landau. Als sie dort in der Buchhandlung nach einer Publikation über Geotope in Niederbayern fragen, stehen Waldtraud und Franz so nah beisammen, dass die Buchhändlerin über die frisch Verliebten schmunzeln muss.

***

Der Wachsende Felsen von Usterling wächst um weitere drei Zentimeter. Waldtraud und Franz heiraten einander, kaufen ein Grundstück, bauen ein Haus, pflanzen einen Apfelbaum und verlieren über die Jahre ihre Liebe zueinander. Und bemerken es erst gar nicht, denn die Liebe, die Franz und Waldtraud zu vergeben haben, findet auch weiterhin einen Abnehmer. Lumpi, der Kurzhaardackel mit den treuen Augen, versammelt all die herrenlose Liebe auf sich und wird, wie zum großzügigen Ausgleich des gegenseitigen Verlusts, einfach doppelt geliebt. Sicher haben Waldtraud und Franz gelegentlich Meinungsverschiedenheiten. Aber keine, die das Gleichgewicht ihrer Lumpiliebe gefährden würden. Schon allein aus Rücksicht auf den armen Dackel wird immer ein Kompromiss gefunden.

Anders als Waldtraud und Franz haben ihre Bekannten und Freunde nicht nur Bäume gepflanzt und Häuser gebaut, sondern auch Kinder gezeugt. Wie leicht man sich da aus den Augen verliert. Viele Hunde mögen ja Kinder, wollen immer nur spielen – nicht so Lumpi. Der ist froh, wenn er seine Ruhe hat. Waldtraud und Franz leben sehr zurückgezogen. Zu oft fühlen sie sich nicht mehr verstanden im Kreise ihrer Bekannten, von denen sie entweder wegen ihrer Kinderlosigkeit bedauert oder um ihre kinderlose Freiheit beneidet werden. Wie von Dieter und Hildegard, die Franz und Waldtraud am liebsten vorrechnen, wie viele Nachteile man als Eltern zweier Kinder in Kauf nehmen muss. Vom Urlaub bis zur Nachtruhe, von Kinderkrankheiten bis zu finanziellen Einbußen. Meist enden diese Darstellungen der Jammertäler, in denen es von schreienden Kindermäulern und altklugen, aber ach so süßen Rotznasen nur so wimmelt, mit Stoßseufzern. Wenn wir so frei wären wie ihr, würden wir reisen, ins Theater gehen und uns mit unserem Geld ein schönes Leben machen. Und ein schönes Leben machen Waldtraud und Franz sich auch, indem sie brav ihre Hundesteuer bezahlen, für Lumpi leckere Innereien kaufen und täglich mit ihm Gassi gehen.

Waldtraud arbeitet Lumpi zuliebe nur noch halbtags als pharmazeutisch technische Angestellte. Wenn sie keine Zeit hat, nimmt Franz Lumpi mit nach Dingolfing ins Versicherungsbüro. Waldtraud und Franz reden nie über ihre Kinderlosigkeit. Insgeheim vermuten beide den Grund für die Unfruchtbarkeit ihrer Ehe beim andern. Lieber diskutieren Franz und Waldtraud über Zimmertemperaturen, Fernsehlautstärke oder die Platzverteilung im gemeinsamen Schuhregal.

***

Die Tage vergehen, die Sessel werden durchgesessen. Eine neue Eckbank wird angeschafft. Lumpi muss zum Tierarzt. Der Gesprächsfluss schwindet zu einem Rinnsal. Der Fels wächst. Kalk lagert sich ab. Getrennte Schlafzimmer. Tränen vor dem Einschlafen, manchmal auch beim Aufwachen. Franz bekommt eine neue Brille, Waldtraud ein Zahnimplantat. Es läutet. Waldtraud will, dass Franz nachsieht, wer es ist, während sie Lumpi beruhigt. Aber Franz nimmt Lumpi mit zur Tür. Schorsch, Waldtrauds Bruder, steht unter der Außenleuchte mit Bewegungsmelder und präsentiert eine Flasche Blutwurz. Lumpi bellt aufgeregt. Man unterhält sich eine halbe Stunde, wobei das Gespräch, das auch so schon häufig genug ins Stocken gerät, von einem Stamperl Blutwurz unterbrochen wird. Ein zweites Stamperl folgt, dann verabschiedet sich Schorsch. Die Außenbeleuchtung geht an und wieder aus. Wortlos sitzen Franz und Waldtraud in ihrer Sitzgruppe und betrachten die Flasche auf der Marmorplatte ihres Couchtisches. Franz nimmt einen kräftigen Schluck aus der Flasche. Dieser kräftige Schluck irritiert Waldtraud, aber anstatt die Flasche zu verschließen und wegzustellen, nimmt sie ihrerseits einen kräftigen Schluck. Natürlich könnten sie sich jetzt lieben. Aber während sie abwechselnd die Flasche an die Lippen setzen, stieren sie sich bloß an. Durch den Alkohol verflüssigt sich die steinerne Verbitterung und beginnt aus Franz und Waldtraud herauszusprudeln. Erst mit leiser Verachtung, dann in der ungezügelten Lautstärke des schon immer Gedachten und nie Gesagten. Lumpi liegt in seinem Körbchen und lässt die Ohren hängen. Als er zu winseln anfängt, begraben Waldtraud und Franz den aufgebrochenen Quell mit neuem Schweigen. Wenigstens der Hund soll nicht darunter leiden.

***

Kein Wort wechseln Waldtraud und Franz mehr miteinander. So lange nicht, bis das Sediment ihres gehässigen Schweigens sie zu ersticken droht. Für Franz und Waldtraud ist kein Platz mehr in dieser Ehe. Fast erleichtert beschließen sie die Scheidung. Einvernehmlich teilen sie Hab und Gut und Haus und Baum. Nur Lumpi, den nicht. Keiner will auf das Sorgerecht verzichten, keiner will Lumpi dem andern überlassen. Lieber stirbt Waldtraud, als Lumpi herzugeben. Und natürlich stirbt auch Franz lieber, als Lumpi herzugeben. Waldtraud und Franz verwerfen die Scheidung. Wieder leben sie nebeneinander her, nichts verbindet sie mehr, aber immerhin teilen sie sich Lumpi. Der Kurzhaardackel genießt eine zweifache Flut der Zärtlichkeiten, Waldtraud und Franz kämpfen immer verzweifelter um seine Gunst. Franz stellt einen Gassiplan auf, an den sich Waldtraud immer weniger hält. Mit jedem erstrittenen Gassigang nähern sich Waldtraud und Franz der fahrig gezogenen Grenzlinie des Irrsinns. Je verschlungenere Pfade ihre konkurrierende Liebe zu Lumpi geht, desto unlösbarer wird der Knoten, der Franz und Waldtraud die Luft abschnürt.

Waldtraud findet die Lösung in der Apotheke. Genauer gesagt in einem weithalsigen Apothekerglas mit Bakelitdeckel und Totenkopfsymbol. Bald wird Lumpi nur noch ihr gehören. Franz findet die Lösung im Wald. Unschuldig liegt der eine Pilz zwischen Maronenröhrlingen, Pfifferlingen und Rotkappen in seinem Korb.

***

Im Innersten behaglich knurrend liegt Lumpi auf seinem Kissen und zerbeißt lustlos die von Waldtraud selbstgebackenen Hundekekse.

Nach jedem Keks kaut er genauso lustlos auf dem getrockneten Lammohr herum, das Franz ihm mitgebracht hat. Auf dem Küchentisch stehen zwei Teller Schwammerlsuppe. Davor sitzen Waldtraud und Franz. Beide zerteilen die in der Suppe liegenden Semmelknödel. Waldtraud hat das weithalsige Apothekerglas vor Augen, Franz den Schwammerlkorb. Beide warten darauf, dass der andere zu löffeln beginnt. Waldtraud hört sich schon schluchzen. Viel früher hätte sie die Zeichen erkennen müssen, manisch-depressiv war ihr Franz ja schon seit Jahren, aber dass er Lumpi und ihr das antut … Acht Knödelachtel schwimmen in Waldtrauds Suppe. Franz fängt an, seine Achtel erneut zu zerteilen. Er pustet auf die Suppe und legt sich schon die Worte zurecht. Im Garten hat er gearbeitet und hat sie nicht gehört. Hätte sie mit dem Essen auf ihn gewartet, dann wäre Lumpi jetzt Vollwaise. Waltraud und Franz blicken gleichzeitig zum Hundekissen. Ihr angespanntes Zögern lässt Lumpis Knurren verstummen. Langsam leckt er sich über die Schnauze, kurz bleibt die Zeit stehen. Da ertönt von draußen ein Hupkonzert. Franz geht zur Tür, Waldtraud folgt ihm. Es sind Dieter und Hildegard samt Kindern. Hildegard betont die Länge der Ewigkeit, die man sich schon nicht mehr gesehen hätte, Dieter zeigt auf den nagelneuen BMW, mit dem sie gerade auf Probefahrt sind. Die Kinder sind altkluge, aber ach so süße Rotznasen. Franz und Waldtraud loben das Auto. Fröhliches Winken und mit erneutem Hupkonzert rollt der BMW wieder davon. Zurück im Haus entdecken Waldtraud und Franz zuerst die zerbrochene Suppenschüssel am Boden und gleich darauf unter der Eckbank den leblosen Hund.

**

Waldtraud und Franz begraben Lumpi im Forst bei Usterling. Franz klappt den Klappspaten aus dem Auto zusammen, putzt seine dicken Brillengläser. Waldtraud stopft den Plastiksack in die Tasche ihrer Regenjacke. Rasch sammelt sie noch Moospolster und legt sie auf den Erdhügel.

Unsicheren Schrittes steigen sie den Holzsteig nach unten. Über ihnen rieselt das Quellwasser durch die steinerne Rinne. Am Fuße des Wachsenden Felsens greifen Waldtraud und Franz in den kalten Wasserfaden, halten einander fest und machen sich Hand in Hand auf den Rückweg.

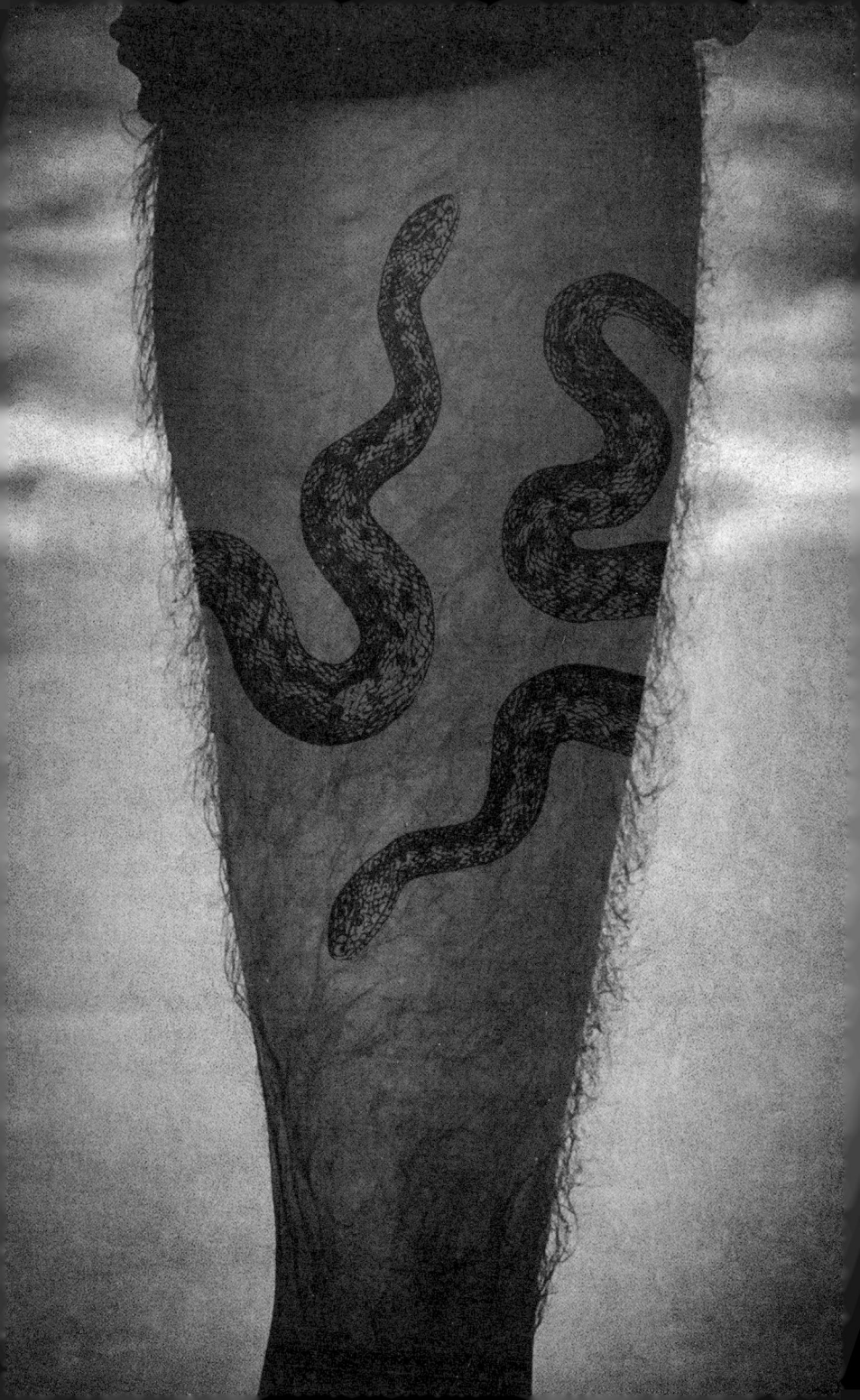

Siegfried Schüller

DIE SCHLANGEN DER VERGANGENHEIT

Verena starrt auf den Boden, wo die feuchten Flecken wie eine Fußgängerampel die Farbe wechseln. Der Nebel ist dicht, so dicht, dass sie nicht sieht, wer noch in dem Raum sitzt. *Nein, nicht Nebel, Dampf muss es heißen!* – Und heiß ist er, der Dampf, so heiß, dass sie die Luft anhält. Sie hört das Rauschen der Lüftung, gedämpfte Musik und das leise Blubbern der blauen Luftblasen, die in der gläsernen Säule in der Mitte des Raums aufsteigen. Sie schwitzt und schaut auf die dunklen Fliesen, in denen sich das Licht der LEDs spiegelt, die abwechselnd rot oder grün von der Decke leuchten.

Die Tür geht auf und gleich wieder zu. Der Dampf kommt in Bewegung und lichtet sich etwas. Der Mann, der eben hereingekommen ist, nimmt die Düse des Wasserschlauchs aus der Halterung neben der Tür und spritzt über die freie Sitzfläche neben Verena. Auch sie bekommt ein paar Spritzer kaltes Wasser ab. Sie hasst es, wenn Leute ohne Rücksicht auf andere herumspritzen. Genervt will sie sich abwenden, doch da entdeckt sie – die Schlange, knapp über dem Boden. Nein, die beiden Schlangen. Sie erstarrt, und zwei eng ineinander verschlungene, schwarzblaue Schlangen starren zurück.

Der alte Heizlüfter ratterte. Immer wieder wachte sie auf, wenn er sich einschaltete. War es Tag oder Nacht? Egal, es war dunkel. Fast die ganze Zeit.

Wenn er hereinkam und Licht machte, konnte sie erst gar nichts erkennen, geblendet von der Leuchtröhre an der Decke. Dann sah sie sein Gesicht über ihrem. Nein, nicht das ganze Gesicht, nur die Augen, die sie aus schwarzen Löchern anstarrten.

Obwohl es im Dampfbad noch immer fast unerträglich heiß ist, fröstelt sie auf einmal. *Ich muss raus hier, sofort!* – Bevor der Mann mit den Schlangen auf der linken Wade sich neben sie setzt, steht Verena auf, läuft mit gesenktem Kopf zur Tür, reißt sie auf und eilt hinaus.

„Die jungen Frau'n heutzutag halt'n auch nix mehr aus", hört sie den Tätowierten sagen, ehe die Tür wieder zufällt. Ein anderer, der auch noch drinnen schwitzt, lacht höhnisch. Bäh, wie sie solche Typen hasst! Wobei diese Sprüche noch das harmlosere Übel an dieser Sorte Mann sind.

War er das? Hat er mich erkannt? – Sie erinnert sich nur an seinen Blick, die Stimme und ... *Die Schlangen? Gab es sie wirklich? Nicht nur im Traum?* – Aber wenn schon: Im Umkreis von hundert Kilometern gibt es bestimmt ein Dutzend Männer, die mit einem ähnlichen Tattoo am Bein herumlaufen.

Verena sitzt draußen auf der Bank beim Hexenbrunnen mit seinen Bronze-Raben und tut so, als würde sie in dem Buch lesen, das sie in der Hand hält. Auf diese Weise hat sie den Ausgang des Kurfürstenbades im Blick, ohne dass es auffällt. *Hier muss er rauskommen. Einen anderen Weg gibts nicht.* – Aber wird sie ihn erkennen? Im Dunst des Dampfbades hat sie ihn kaum gesehen und seinem Blick ist sie ausgewichen.

Mütter mit Kindern, Jugendliche und einzelne Erwachsene erscheinen in der Tür – er nicht. *Hab ich ihn etwa übersehen? Hat er vielleicht schon vor mir das Bad verlassen?* – Was, wenn die Tätowierung verdeckt ist, weil er jetzt eine lange Hose anhat?

Nein, im Dampfbad hat er mich bestimmt nicht erkannt. – Und dann war es vierzehn Jahre her. Sie hat sich in dieser Zeit sehr verändert, ist noch ein Stück gewachsen, fraulicher geworden. Und ihre Haare, ihre damals langen, dunkelblonden Haare trägt sie seitdem meist kurz und rötlich blond gefärbt, wie jetzt.

Da, wieder einer mit Sporttasche. In kurzer Hose. Und die Schlangen, tatsächlich! – Er zündet sich eine Zigarette an. *Wohin geht er?* – Richtung Zugang zur Tiefgarage. – *Nein, bitte nicht da hinunter!* – Überall hin, nur nicht an einen Ort, der dunkel ist und unter der Erde liegt.

Als sie ihn das erste Mal sah, musste sie schreien. Er gab ihr eine Ohrfeige, sie hatte weitergeschrien.

„Schrei nur, so laut du kannst, das hilft dir nix. Hier hört dich keiner." – Da hatte sie aufgehört zu schreien und nur noch gewimmert. Sein Gesicht hatte sie nie richtig gesehen. Immer nur die schwarze Skimütze mit den Löchern für die Augen und dem Schlitz für den Mund. Seinen Blick aber konnte sie nie vergessen, der hat sie nicht mehr losgelassen.

Als der Schlangenmann im Treppenhaus, das hinunter in die Tiefgarage führt, verschwunden ist, läuft sie zu ihrem roten Mini, der keine zwanzig Meter entfernt auf einem der Zwei-Stunden-Parkplätze steht. So schnell es geht, fährt sie zum Parkplatz des Kongresszentrums hinüber und wartet dort mit laufendem Motor bei der Ausfahrt der Tiefgarage. Wie der Fahrer aussieht, weiß sie jetzt, und diesmal muss sie nicht lange warten. Am Steuer des zweiten Wagens, der heraufkommt, sitzt er. An der nächsten Ampel steht sie schon hinter dem schwarzen SUV. Er fährt stadtauswärts, sie folgt ihm.

Zwei- oder dreimal am Tag hatte er ihr etwas zu essen gebracht und dazu eine Flasche Wasser oder Cola. Danach wurde sie meistens schläfrig. Wenn er wieder zurückkam, nahm sie alles nur noch wie durch einen Schleier wahr. Halbwach, aber willen- und wehrlos ließ sie alles mit sich geschehen, als würde es nicht ihr passieren. Heute weiß sie, dass er ihr wohl K.o.-Tropfen gegeben hatte, um sie gefügig zu machen.

Inzwischen ist sie schon länger im Landkreis Neumarkt unterwegs. Dass der Fahrer vor ihr Verdacht schöpfen könnte, ist für sie im Moment das geringere Problem. Bei Aufregung reagiert ihre Blase nervös, sie müsste jetzt dringend pinkeln. Aber das wäre hinnehmbar, würde der Fahrersitz halt nass werden. – Nein, die Tankanzeige! Schon vor dem Bad hat das Zapfsäulensymbol aufgeleuchtet, jetzt fängt es auch noch an zu blinken, und von den Balken der Tankanzeige ist nichts mehr zu sehen.

Da, neben der Straße, war das nicht der Rastplatz, wo sie damals aufgewacht ist? Auf einer der Picknickbänke hatte er sie in eine Decke gewickelt abgelegt wie einen alten Teppich, nachdem ihre Eltern das Lösegeld gezahlt hatten.

Ein einziges Mal hatte sie ihn ganz gesehen – von hinten. Sie bekam noch mit, wie er auf einen Stuhl stieg und ein rotes Tuch über der Leuchtröhre an der Decke befestigte. Sollte wohl romantisch wirken. Durch den – nun rötlichen – Schleier vor ihren Augen sah sie die zwei Schlangen, die sich, ineinander verschlungen, an seinem nackten Bein hochwanden und sie dabei mit kalten Blicken fixierten.

Nach dem Aufwachen wusste sie nicht, was passiert war, und versuchte vergeblich sich zu erinnern. Aber sie merkte, dass etwas nicht stimmte, spürte die Schmerzen zwischen ihren Beinen und wusste, dass etwas mit ihr geschehen war, das sie nicht gewollt hatte. Bis heute war sie aber überzeugt gewesen, dass sie die Schlangen nur im Traum gesehen hatte – so, wie sie sich seit damals immer wieder durch ihre Alpträume wanden.

Da, eine Tankstelle. Die Anzeigetafel mit den Benzinpreisen ist ihr diesmal keinen Blick wert. *Vielleicht fährt er ja auch raus?* – Wenn nicht, würde er gleich auf und davon sein. Doch tatsächlich: Der Wagen vor ihr blinkt und biegt ab. Sie hinterher. Eine Zapfsäule ist frei, dort hält sie. Der Mann braucht aber anscheinend keinen Sprit, sondern geht gleich in den Laden. Sie tritt von einem Bein aufs andere. *Mensch, lauf doch schneller, bitte!* – Er kommt schon wieder raus aus dem Tankshop, eine Dose Cola in der Hand und eine Schachtel Zigaretten. *Ja, das ist seine Marke.* – Diese Sorte lag auch auf der alten Werkbank in ihrem Kellerverlies.

Der Mann steigt wieder in sein Auto. Schnell hängt sie die Zapfpistole ein. *Verdammt, zahlen muss ich ja auch noch.* Verena sieht, wie der schwarze SUV wieder auf die Landstraße fährt, beschleunigt und sich rasch entfernt, bis er nach der nächsten Kurve aus ihrem Blickfeld verschwindet.

„Gehts Ihnen nicht gut?", fragt der Tankwart, als sie vom Klo zurück ist und mit abwesendem Blick vor der Kasse steht.

„Nein, danke, ist schon okay", lügt sie. „Hab bloß einen Moment gedacht, ich hab mein Geld vergessen."

Der Mann hinterm Tankstellentresen lächelt sie an. „Wär nicht so schlimm", sagt er und zwinkert ihr zu. „Hätt ich Sie halt dabehalten." Als er Verenas entsetzten Blick bemerkt, fügt er rasch hinzu: „Entschuldigung, ich wollte Ihnen nicht zu nahe treten."

Sie schüttelt den Kopf. „Schon gut", sagt sie und bezahlt. „Schönen Tag noch!"

Als sie wieder im Auto sitzt, ist der Vorsprung nicht mehr aufzuholen. *Und wer weiß, ob er auf dieser Straße geblieben ist?* – Weg ist er, unerreichbar.

Wie damals in ihrem Verlies. Wo sie auf der Matratze lag und wartete. Auf Schritte, darauf, dass die Tür aufgesperrt wurde, auf ihr Essen, etwas zu trinken, auf ihn …

Ihre Eltern besaßen eine kleine Maschinenfabrik, das Lösegeld konnten sie verschmerzen. Dennoch brauchten sie ein paar Tage, um die 180 000 Euro aufzubringen, die der Entführer gefordert hatte. Aber das Geld war ihnen nicht so wichtig. Sie wollten ihr Kind zurück. Schnell. Und heil. Deshalb taten sie, was der Entführer verlangte. Erst als Verena nach einer Woche – wenigstens äußerlich unversehrt – wieder zuhause in ihrem Bett lag, schalteten sie die Polizei ein. Zu spät, um Anrufe zu verfolgen, Beweise zu sichern und einen Täter zu ermitteln. Alle wollten wissen, was geschehen war, vor allem ihre Eltern. Aber was hätte sie erzählen sollen? Und sie war nicht mehr ihr Kind, nur noch ihre Tochter. Es gab ab jetzt einen Teil ihres Lebens, den sie mit niemandem teilen konnte. Und die quälende Frage: *Warum habt ihr mich nicht eher rausgeholt?* – Nein, keine Frage, eine Feststellung. Die Antwort kannte sie ja.

Verena hat ihr Auto vor dem Gehöft am Ortsrand abgestellt. Bei der Verfolgungsfahrt neulich nach ihrem Besuch im Kurfürstenbad hätte der restliche Tankinhalt wohl kaum gereicht, um von Amberg bis hierher zu kommen. Die Adresse erhielt sie von Nadine, einer ehemaligen Mitschülerin, die bei der Polizei arbeitet – als „Tippse", wie Nadine selbst sagt. Verena war lange genug hinter ihrem einstigen Peiniger hergefahren, um sich das Kennzeichen seines schwarzen SUV zu merken. Für Nadine war es kein Problem, den Fahrzeughalter festzustellen: Karl-Heinz Bayerl, wohnhaft in Garsthofen im Landkreis Neumarkt. Unter der gleichen Adresse waren außerdem zwei Frauen, Isolde und Barbara Bayerl, gemeldet.

Jetzt steht Verena vor deren Haustür und weiß nicht, ob sie zuerst speien oder sich in die Hose machen soll. Oder sofort zum Auto zurücklaufen. Aber sie beruhigt sich wieder. Schließlich hat sie sich gut vorbereitet auf diesen Moment. Durch einen Anruf unter falschem Namen hat sie erfahren, dass Karl-Heinz Bayerl momentan nicht zu Hause ist.

Nach der Entführung war Verena bei verschiedenen Therapeuten in Behandlung gewesen. Als sie trotzdem immer schwieriger wurde und am Gymnasium schlechte Noten bekam, hatten ihre Eltern sie in einem Internat am Alpenrand untergebracht. Verena war fast erleichtert darüber. Daheim hatte sie sich nicht mehr sicher gefühlt. Vor allem aber war sie weit weg von ihren Mitschülern, die ihr die Spitznamen „Psyche" und „Opfer" verpasst hatten. Auf dem Internat schaffte sie dann doch noch das Abitur, weigerte sich aber strikt, weiter zu den Therapiesitzungen zu gehen. Immer wieder an ihre Erlebnisse erinnert werden, immer wieder davon erzählen sollen – das wollte sie nicht mehr. Vergessen wollte sie. Am liebsten all die immer wiederkehrenden Bilder ganz aus ihrem Kopf löschen.

Sie klingelt. Die Tür wird einen Spalt weit aufgemacht.

„Hallo! Kann ich bitte mal deine Mutter sprechen?", sagt sie zu dem Mädchen, das die Tür geöffnet hat.

„Ja, ich glaub schon, Moment …"

Kurz darauf erscheint eine Frau mit genervtem Gesichtsausdruck. „Wir sind grad erst heimgekommen. Was gibts denn? Hat die Bärbl wieder was angestellt?"

„Nein, nein! Grüß Gott erst mal! Sind Sie die Frau von Karl-Heinz Bayerl?"

„Ja, schon. Und was wollen Sie?"

„Ich bin die Frau – ich war das Mädchen, das Ihr Mann vor vierzehn Jahren entführt, betäubt und vergewaltigt hat."

Der Frau bleibt der Mund offen und augenblicklich entgleisen ihre Gesichtszüge. „WAS?", sagt sie nur.

„Darf ich vielleicht reinkommen?"

Die Frau mustert sie mit fassungslosem Blick und tritt dann wie in Trance zur Seite. „Was wollen Sie denn?", fragt sie unsicher.

Verena schiebt sich an ihr vorbei ins Haus. „Ihren Mann zur Rechenschaft ziehen", sagt sie mit fester Stimme. „Und mir die 180 000 Euro zurückholen, die er damals als Lösegeld kassiert hat."

Die Frau schaut finster, scheint sich aber wieder gefangen zu haben. „Karl-Heinz!", ruft sie nach hinten in die Wohnung. – Und Verena ahnt plötzlich, dass sie vielleicht einen Fehler gemacht hat.

Der Keller sieht jetzt anders aus und kommt ihr kleiner vor als damals. Die alte Matratze ist weg, und wo sich einst Regale mit Gerümpel und eine schartige Werkbank befanden, steht nun eine kleine Kellerbar mit Holztheke und in einer Ecke ein Waffenschrank mit Jagdgewehren. Ihr Entführer hat sich in der Zwischenzeit offenbar auf die Jagd nach vierbeinigem Wild verlegt. Auch das Licht ist anders. Es fällt jetzt durch zwei schmale Fenster. Nur das Spülbecken, das große, weiße, rostfleckige Spülbecken, das Becken, in dem sie sich waschen musste, ist immer noch dasselbe.

Aufstehen kann sie nicht, allenfalls mitsamt dem alten Drehstuhl unterm Hintern. Ihre Hände sind hinter der Lehne gefesselt. Mit dem gleichen breiten, grauen Klebeband, mit dem er auch dafür gesorgt hat, dass sie endlich ihren Mund hält. Von oben hört sie Lärm, laute Stimmen, Streit.

„Stimmt das, was die sagt? Ist das wahr? – Ausgerechnet als ich schwanger war und wegen meinem kaputten Knie zur Kur in Bad Kötzting? – Du Schwein, du verdammtes Schwein!", schreit die Frau. „Und ich habs dir geglaubt, dass du das Geld in der Kötztinger Spielbank gewonnen hast."

„Ja, und auf oamal warn unsre Schulden koa Problem mehr. Is dir doch aa recht gween", brüllt er. „Wannsd jetzt die Polizei rufst, dann is aus. Dann is oiss endgültig aus."

Eine Tür fällt zu, Verena hört Schläge, dann kracht eine andere Tür und es gibt noch lauteres Geschrei, von dem sie kein Wort mehr versteht. – Auf einmal ist es ruhig.

Schwere Schritte kommen die Kellertreppe herunter. Dann wird die Tür zu ihrem renovierten Verlies aufgestoßen, und er kommt herein. – Nein, nicht ihr Peiniger von damals. Ein Mann mit schwarzem

Helm und im schwarzen Overall eines Sondereinsatzkommandos tritt durch die Tür und hinter ihm erscheint eine Frau in Zivil.

„Es war gut, dass Sie sich an uns gewandt haben", meint die Kommissarin von der Kripo aus Regensburg, nachdem der SEK-Mann Verena von dem Klebeband befreit hat. „Aber dass Sie nicht auf uns gewartet haben und allein hier aufgetaucht sind, hätte auch ins Auge gehen können. Das war sehr leichtsinnig von Ihnen. Wer weiß, was passiert wäre, wenn wir nicht so schnell auf Ihren Anruf reagiert hätten."

„Und wenn ich das nicht gemacht hätte?", erwidert Verena. „Dann hätten Sie doch wieder keinen Beweis gehabt und keinen Täter – wie damals."

„Das war nicht unsere Schuld", verteidigt sich die Kommissarin. „Wenn Ihre Eltern sich damals sofort an unsere Kollegen in Amberg gewandt hätten, dann wäre Ihnen allen wahrscheinlich viel erspart geblieben. Bis auf den sexuellen Missbrauch sind die Taten jetzt leider verjährt. Und die Vergewaltigung müssen wir ihm erst einmal nachweisen."

Am Küchentisch der Wohnung sitzt die Tochter des Täters, Barbara, genannt Bärbl – etwa so alt wie Verena damals, nur schon weiter entwickelt, mit deutlicheren Rundungen unter dem T-Shirt. Das Mädchen fixiert sie mit großen Augen. Den Blick kennt Verena. Als ob sie sich selbst im Spiegel sehen würde.

„Ja, nehmen S' ihn nur mit!" Bärbls Mutter ruft das, draußen, wo die Polizisten ihren Mann gerade in Handschellen abführen. „Ich hoff bloß, dass' dich gleich behalten", schreit sie ihm noch nach, als der Streifenwagen abfährt. Dann bricht sie in Tränen aus. „Ich hab doch nix gewusst", jammert sie. Was hätt ich denn tun soll'n, so ganz allein?"

Das Mädchen am Küchentisch sagt nichts, sitzt nur da mit grimmiger Miene und zusammengekniffenen Lippen. Dann lächelt sie auf einmal. – Und Verena ahnt, dass dieser Tag nicht nur für sie selbst ein Tag der Befreiung ist. Verjährung hin oder her, Bärbls Vater würde seine Strafe bekommen, da ist sie sich sicher. Und er wird sie verfluchen – die Schlangen auf seiner Wade, die ihn verraten haben.

DER ROMANTISCHE ABEND

Noch vier Tage. Anna ist mit der Planung des großen Jubiläums beschäftigt. Jedes Detail muss passen, alles soll perfekt sein. Mit einem romantischen Sektfrühstück will sie den Morgen beginnen, Rosenblätter auf dem Tisch verteilen, das gute Porzellan darf ans Tageslicht, ebenso das Silberbesteck. Alles soll so sein wie damals, als er um ihre Hand anhielt und sie noch jung und verliebt waren. Das ist lange her, aber ihr Gelübde „… bis dass der Tod uns scheidet" wurde bis heute nicht gebrochen.

Nach dem Frühstück könnten sie eine kleine Wanderung zum Alpinen Steig unternehmen. Früher waren sie oft im Tal der Schwarzen Laber unterwegs, haben den Ausblick über die schroffen Felswände händchenhaltend genossen und sind anschließend in einem der umliegenden zahlreichen Biergärten eingekehrt. „Ja, früher …" Anna stößt einen tiefen Seufzer aus, überprüft noch einmal ihre E-Mail, dann klickt sie den „Senden"-Button. Das Klingeln des Telefons holt sie in die Gegenwart zurück.

„Hallo! Bastian, was? Deine Dienstreise dauert länger, ... du kommst erst am Samstagabend zurück? Oh, Mist! Ich habe Freitag mit dir gerechnet, kannst du dich nicht früher ausklinken? Es wäre schön, wenn du einmal ... Wie bitte? ... Jetzt werde doch nicht gleich aggressiv. ... Ich mache dir keinen Vorwurf ... ja, die Arbeit geht vor. Bis dann." Enttäuscht stellt Anna das Telefon zurück in die Station, füllt ein Glas mit Wasser und leert es in einem Zug.

‚Was ist nur los mit ihm, die Kommunikation wird immer anstrengender. Ein falsches Wort und er ist auf 180. Wahrscheinlich hat er unseren Hochzeitstag vergessen! Umso wichtiger, dass wir dem Glück auf die Sprünge helfen. Das Feuer ist noch nicht erloschen, auch wenn die Flamme klein ist.'

Noch drei Tage.

‚Das geplante Sektfrühstück fällt also weg, auch die gemeinsame Wanderung zum Ursprungsort unserer Liebe kann ich mir abschminken.'

Anna ist genervt. ‚Wenn ich schon mal was plane. Aber gut, der Höhepunkt soll ohnehin erst am Abend stattfinden, nach dem Dinner. Als Dessert sozusagen.' Anna malt sich seine Reaktion aus, wenn sie ihm die Reiseunterlagen auf den Tisch knallt. „Karibik all inklusive, mit Tauchkurs, für zwei Personen", liest sie laut, „er wird Augen machen. ‚Schweineteuer', wird er sagen ‚wie kannst du so einen Haufen Geld ausgeben, ohne mich zu fragen!', und ich werde antworten: ‚Alles schon bezahlt'." Annas Augen leuchten. Sie hat ihm nichts von dem Lottogewinn erzählt, den ihr das Schicksal ausgerechnet kurz vor ihrem Hochzeitstag beschert hat, und sie würde es auch nicht sofort kundtun, sollte er zunächst erst einmal rätseln, woher der Geldsegen kommt. Ein schelmisches Lachen huscht über Annas Gesicht.

Anna muss immer wieder in den Spiegel schauen, die neue Haarfarbe steht ihr gut, auch der Besuch im Nagelstudio hat sich gelohnt. Sie fühlt sich wie ein neuer Mensch. Noch nie hat sie für sich so viel Geld ausgegeben. Anna breitet die neuen Klamotten auf dem Bett aus, streicht mit der Hand über die sündhaft teuren Dessous, sie ist mehr als zufrieden.

Noch zwei Tage, der Plan steht. Nach dem Abendessen wird Bastian das Paket mit der Herkuleskeule bekommen. Die Edelsalami aus Hessen, die er so mag, hat sie online bestellt. Darunter wird er die eingeschweißten Tickets in die Karibik finden. Anna hat Lampenfieber, wieder und wieder spielt sie in Gedanken den Ablauf durch.

Wie wird ihm ihr neues Outfit gefallen? Sie findet sich umwerfend! Anna lässt noch etwas heißes Wasser in die Wanne und genießt die Ruhe des Augenblicks. Die Badeperlen lösen sich langsam auf und verbreiten Rosenduft im Badezimmer. „Das Peeling soll den Zyklus der Erneuerung wieder auf Trab bringen", liest sie auf dem von der Kosmetikerin empfohlenen Produkt. Schwerelos schwimmen Annas Beine zwischen Seifenschaum und abgestorbenen Hautschuppen.

Endlich ist es soweit. Heute Abend wird Bastian eine gewaltige Überraschung erleben. Nach 30 Jahren sind zwar die Schmetterlinge im Bauch längst weggeflogen, aber vielleicht schafft es Anna ein wenig, das Kribbeln zurückzubringen. Liebe geht durch den Magen, das hat schon ihre Oma gesagt. Aufwändig macht sich Anna in der Küche zu schaffen. Sie beginnt mit der Zubereitung des kalten Entrées, es folgen ein Süppchen und eine warme Vorspeise, dann ein leckeres Fischgericht, anschließend soll es Fleisch geben, Bastian liebt Fleisch. Einem kühlen Sorbet als kleine Erfrischung zwischendurch folgt Roastbeef auf Salat, nun ist die Süßspeise dran, beenden werden sie das Dinner mit einer Käsepraline und einem Espresso. Stimmig zu den Speisen reicht Anna natürlich die passenden Getränke. Genau dieses Menü haben sie auf ihrer Hochzeitsreise in Italien genossen.

Bastian wird begeistert sein. Annas Vorfreude ist nicht mehr zu steigern. „Sweetheart" hat er sie damals genannt, heute sagt er „Dicky".

Der Tisch könnte nicht perfekter sein. Blumenarrangement, Stoffservietten, Kerzen, alles passt. Anna lässt den Blick über die weiße Damastdecke gleiten und verteilt gleichmäßig die Rosenblätter. „Oldschool" würde Franzi sagen. Franzi heißt eigentlich Franziska und ist die Tochter von Annas Schwester. Anna war überglücklich, Franzis Taufpatin zu werden. Die beiden sind ein Herz und eine Seele. Eigene Kinder waren Anna verwehrt geblieben. Sie hätte zwar gerne eine große Familie gehabt, aber Bastian beharrte auf der Meinung, Kinder passten nicht in ihren Lebensplan. So hat sie sich gefügt, wie bei vielen anderen Dingen, und ist kinderlos geblieben. „Wer weiß, wozu es gut ist." Anna schlüpft in den neuen Zweiteiler. Die Seidenbluse lässt dezent ihre Haut durchscheinen. Sie knöpft die oberen zwei Knöpfe wieder auf, fährt sich mit den Fingern durch die Haare, was ihr ein verwegenes Aussehen verleiht.

Jetzt könnte er kommen. Der Bolero von Ravel, das erste Glas Schampus und das Journal „Die emanzipierte Frau" sorgen für kurzweilige Wartezeit. Anna blickt immer wieder zur Uhr. Der Bolero ist längst über den Höhepunkt, Posaunen und Saxophone spielen laute Glissandi, und das ganze Orchester übernimmt den Rhythmus des Stücks. Den Schluss bildet ein dissonanter Akkord, der sich nach C-Dur auflöst, dann ist es still. Anna legt „Die emanzipierte Frau" zur Seite, schenkt sich das dritte Glas Sekt ein und wählt zum wiederholten Mal seine Nummer.

„Anrufbeantworter. Es wird doch nichts passiert sein?"

Endlich hört Anna den Schlüssel im Schloss. Ihr Herz pocht bis zum Hals. „Da bist du ja endlich, ich habe dich viel früher erwartet. Du hättest ruhig mal anrufen können. Ich habe mir Sorgen gemacht. Warum kommst du denn erst jetzt?"

„Was ist denn hier los? Ich komme kaum zur Türe herein und du überfällst mich mit deinen Tiraden! Und wie siehst du überhaupt aus, was soll denn das Theater?" Bastian fährt ihr harsch über den Mund.

„Aber, weißt du denn nicht, was heute für ein Tag ist?" Anna versucht, die Tränen zu unterdrücken.

Die Aktentasche fällt mit lautem Knall zu Boden. „Ein Tag, an dem ich verdammt viel zu tun hatte, mich mit allen möglichen blöden Leuten rumärgern musste, spät abends müde nach Hause komme und mich zu allem Übel mit meiner dämlichen Frau auseinandersetzen muss! Wisch dir die Farbe aus dem Gesicht und knöpf die Bluse zu, du siehst ja aus wie eine Professionelle!"

Anna beginnt zu schluchzen.

„Auch das noch, hör auf zu heulen, das ist ja unerträglich. Was ist denn das für ein Paket? Für welchen Mist hast du mein Geld wieder rausgeschmissen?" Bastian schlitzt das Papier mit dem Brotmesser auf und lässt den Inhalt auf die gedeckte Tafel fallen. Das gute Porzellan springt in tausend Scherben, als die Herkuleskeule aufschlägt und vom Tisch rollt.

Anna zuckt zusammen, sie bemerkt einen deutlichen Alkoholgeruch. „Bastian, das gute Geschirr! Sei doch nicht so aggressiv, jetzt komm doch mal runter. Es tut mir leid, wenn du Stress hattest, aber deswegen musst du doch nicht so schreien. Ich habe eine Überraschung für dich." Sie greift nach seiner linken Hand, in der rechten hält er immer noch das Messer. In diesem Moment fällt sein Blick auf die eingeschweißten Urlaubstickets.

„Bist du völlig durchgedreht?" Bastian ist außer sich. Er versetzt ihr einen Stoß, dass sie das Gleichgewicht verliert und zu Boden fällt. Plötzlich steht Bastian über ihr, die Faust mit dem Brotmesser schnellt auf sie herab. Reflexartig greift Anna nach der Herkuleskeule neben sich, schwingt sie durch die Luft und schlägt ihren Mann damit nieder. Noch einmal erhebt er die Faust, bevor er wie ein Sandsack zu Boden geht. Anna rafft sich auf und steht wie angewurzelt da. „Es tut mir leid, das wollte ich nicht", stammelt sie und sucht seinen Puls, aber sie findet ihn nicht.

Mitternacht ist längst vorbei. Stunde um Stunde vergeht. Anna läuft von einem Zimmer ins andere.

„Was soll ich nur machen?" Anna streift die Seidenbluse über den Kopf und hängt ihre neue Garderobe zurück in den Kleiderschrank, schlüpft in die Jeans. „Er muss weg hier", entscheidet sie sich. Anna nimmt all ihren Mut zusammen und hievt Bastian mit letzter Kraft auf die Sackkarre. Die Leichenstarre hat bereits eingesetzt. Anna zieht das Brotmesser aus Bastians Faust und wirft es in die Spüle. Von sich selbst überrascht verfrachtet sie ihn irgendwie ins Auto. Es wird ihre letzte gemeinsame Fahrt sein, nach Sinzing, wo die Schwarze Laber in die Donau mündet und damals alles angefangen hat. „Weißt du noch, mein Schatz, wie oft wir hier waren? Damals, noch jung und verliebt, haben wir uns geschworen ,bis dass der Tod uns scheidet' und wir haben es gehalten." Ein Lächeln huscht über Annas Gesicht, als sie den Wagen abstellt. Kurz zögert sie, bevor sie aussteigt und die Beifahrertür öffnet, um den bleiernen Toten aus dem Auto zu zerren. Das Platschen zerreißt die Nacht, kurz nur, bis sich eine erdrückende Stille über sie legt. Noch einmal ist die Faust zu sehen, die in die Luft ragt, bevor die Strömung Bastian erfasst und er in den Wellen verschwindet. ,Das war das letzte Mal, dass du die Hand gegen mich erhoben hast.'

Der Morgennebel hängt über den Feldern und lässt den anbrechenden Tag erahnen. Nach Hause zurückgekehrt beseitigt Anna zuerst das Chaos. Überall liegen Scherben. Sogar die Edelsalami ist nicht verschont geblieben, sie bekommt eine heiße Dusche in der Spüle und wird anschließend in die Speisekammer gehängt, die Urlaubstickets kommen aufs Sideboard. Die Überreste von Porzellan und Deko stopft Anna samt weißer Damastdecke in die Mülltonne.

„Alles Oldschool!", sagt sie und klappt den Deckel zu. Auf dem Herd steht unangerührt das komplette Honeymoon-Menü. Anna füllt alles in Dosen und Schüsseln, die gut verschlossen im Kühlschrank zwischengelagert werden. Die Ereignisse dieser Nacht haben Spuren hinterlassen. Wirre Gedanken kreisen in Annas Hirn. Eine bleierne Müdigkeit überkommt sie. „Ich brauch Ruhe. Vielleicht wache ich auf und alles war nur ein Traum." Mit diesem Wunsch fällt Anna in tiefen Schlaf. Die Türklingel bringt sie Stunden später in die Gegenwart zurück.

„Frau Niedermeier?"

„Ja."

„Guten Tag, ich bin Kommissar Eberweiß. Darf ich hereinkommen, ich muss mit Ihnen sprechen."

„Bitte, worum geht es denn?"

„Setzen wir uns doch, Frau Niedermeier. Ich habe eine traurige Nachricht für Sie. Heute Vormittag haben Spaziergänger einen leblosen Körper in der Donau entdeckt. Leider konnte der Mann nur noch tot geborgen werden. Offensichtlich handelt es sich wohl um Ihren Mann, mein herzliches Beileid."

„Aber ... mein Mann ist auf Geschäftsreise ...", stottert Anna.

„Nun, wir haben in seiner Tasche eine Hotelrechnung auf den Namen ‚Sebastian Niedermeier' gefunden."

„Aber was ist denn geschehen?"

„Wir wissen es noch nicht, das wird die Obduktion zeigen. Ich muss Sie bitten, Ihren Mann zu identifizieren."

Anna ist kreidebleich.

„Soll ich Ihnen ein Glas Wasser bringen, Frau Niedermeier?"

„Nein danke. Wo hat man meinen Mann hingebracht?"

Kommissar Eberweiß erklärt ihr den Weg und was zu tun ist. Mit tränenerstickter Stimme versichert Anna, es heute noch hinter sich zu bringen. „Wenn Sie mich jetzt alleine lassen würden." Sie schnäuzt sich die Nase. Der Kommissar beteuert nochmals seine aufrichtige Anteilnahme und verlässt das Haus.

Zwei Stunden später erreicht Anna das Klinikum. Der Flur bis zum Treppenhaus ist leer, sie steigt ein Stockwerk tiefer ins Kellergeschoss, dann steht sie vor der Tür. In schwarzen Lettern steht da „Pathologie". Anna läuft ein Schauer über den Rücken, sie tritt ein. Der Pathologe erwartet sie schon, ein Gerichtsmediziner ist ebenfalls anwesend. Als er das Laken hochhebt, schluchzt Anna auf, nickt fast unmerklich. „Wo ist hier ein WC, mir wird übel."

Nach geraumer Zeit kehrt sie zurück. Der Leichnam ihres Mannes ist wieder mit dem Tuch bedeckt. „Ihr Mann ist nicht ertrunken, er wurde erschlagen. Aber ich versichere Ihnen, die Kripo wird alles tun, den Mörder dingfest zu machen." Tröstend legt der Rechtsmediziner die Hand auf Annas Schulter. „Die persönlichen Gegenstände Ihres Mannes wird Ihnen Kommissar Eberweiß persönlich vorbeibringen, die brauchen wir noch wegen der Spurensuche."

Anna nickt. ‚Viel kann er nicht dabei gehabt haben', geht es ihr durch den Sinn.

Anna sitzt grübelnd am Küchentisch. „Hätt ich ihm nur nicht das Messer aus der Hand genommen und alle Beweise seines Wutausbruchs beseitigt." Der Schweiß steht ihr auf der Stirn, als ein Polizeiauto vor dem Haus hält.

„Jetzt holen sie dich", hört sie Bastians Stimme.

„Herr Eberweiß, haben Sie Neuigkeiten für mich?"

„Die forensischen Untersuchungen sind abgeschlossen, Frau Niedermeier. Das gerichtsmedizinische Gutachten bestätigt, dass Ihr Mann mit einem länglichen Gegenstand erschlagen wurde und durch die schweren Schädel-Hirn-Verletzungen zu Tode kam. Anschließend wurde er in den Fluss geworfen. Hinweise auf den Mörder gibt es leider keine." Der Kommissar überreicht Anna eine kleine rote Samtschachtel. „Die hatte Ihr Mann in seiner Jackettasche."

Anna öffnet das Kästchen und starrt auf den funkelnden Brillantring. Sie kann es kaum fassen, so einen hatte sie sich schon vor 30 Jahren gewünscht. Tränen füllen ihre Augen.

„Diesen Brief hatte Ihr Mann in der Brusttasche, er ist wohl für Sie."

Anna faltet das Blatt auseinander und entziffert die verlaufenen Worte der Nachricht: „Sweetheart", steht da. „Sweetheart", wiederholt sie laut. Annas Blick gleitet liebevoll über die Zeilen:

„… Danke für die schönste Zeit meines Lebens, die Nächte voller Leidenschaft und Zärtlichkeit, die Tage gefüllt mit Deinem Lachen, Deiner Unbeschwertheit und Deiner Lebensfreude. Es tut mir aufrichtig leid, dass ich Dich so oft alleine gelassen habe, Du weißt ja warum. Dies war meine letzte Dienstreise, meine Sehnsucht nach Dir kann ich nicht stillen, darum habe ich mich entschlossen, für immer bei Dir zu bleiben, mein Liebes.

PS.: Ich werde Dicky heute alles sagen, es ist der passende Tag dafür. Kuss, Dein Bärli."

Anna schluchzt laut auf. Der Kommissar reicht ihr sein Taschentuch, legt die Hand auf ihre Schulter und beteuert erneut sein tiefes Mitgefühl.

„Nach 30 Jahren noch so eine tiefe Liebe, da sind Sie schon zu beneiden, trotz des tragischen Endes. Kann ich denn irgendetwas für Sie tun?"

Anna schnäuzt die Nase, wischt die Tränen ab und steckt sich den Zweikaräter an den Finger. „Ich würde mich freuen, wenn Sie zum Abendessen bleiben, Herr Kommissar. Ich habe eine hervorragende Edelsalami, die kann ich alleine nicht bewältigen."

„Ja gerne, ich habe jetzt dienstfrei. Sagen Sie, wer ist eigentlich Dicky?"

DAS LEUCHTENDE HALSTUCH DER SCHÖNEN HELGA VON WITTEL

Sie hört immer noch die Räder der Kutsche, wie sie über die Straße holpern, sie hört das Schlagen der Hufen auf dem Kopfsteinpflaster. Das Rauschen der Donau zieht hartnäckig durch ihr Trommelfell. Die Donau rauscht so wild, als jage sie durch die Gasse und treibe das Fuhrwerk über die Wellen. Es blitzt die scharfe Klinge. Sie fliegt ins Kutscheninnere und der Blutschatten legt sich über das Mordinstrument, das Trappeln der Pferde schluckt das Röcheln. Blut quillt aus seinem Mund. Er hält seinen Kopf aus der Kutsche. Ein Schmerz in seiner Brust. Der Kutscher hört einen Schrei und neigt seinen Kopf herab. Dann zieht er die Zügel an und steigt hinunter. Als er die Kutschentür öffnet, fällt das bleiche Gesicht in seine Arme. Er verliert das Gleichgewicht und stürzt auf das Kopfsteinpflaster. Es hätte nicht viel gefehlt, und der Kutscher wäre mit seinem Kopf aufgeschlagen, aber es fegt ein lauter Knall um seine Ohren, der seinen Schädel neugierig in die Höhe schnellen lässt. Der

Mörder liegt bäuchlings wenige Meter von ihm entfernt. Es sieht so aus, als küsse er die bayerische Erde.

Genauso spielten sich die Vorgänge in ihrem Kopf ab, und je öfter sie sich so abspielten, desto mehr war sie davon überzeugt, dass sie sich auch genauso abgespielt hatten. Helga machte sich viele Gedanken über den Tod des Herzogs, dabei war sie doch nur eine Verkäuferin. Allerdings wollte sie nicht ewig in der Buchhandlung arbeiten. Der Tag werde kommen, an dem sich ihr Schicksal wenden würde. Zum Andenken an ihre Mutter trug sie an jedem Tag ein hübsches Halstuch in den Farben des Goldenen Oktobers. Wenn sie aber vor dem Fashionladen in der Donaustraße stand und ein weinrotes Tuch ihr vom Hals einer Schaufensterpuppe entgegenwinkte, wachten in ihr andere Begehrlichkeiten auf. Trotzdem blieb sie ihrem leuchtenden Halstuch treu. Es wehte am Hals, wenn sie in den Laden ging und wenn sie ihn verließ. Es wehte an Männeraugen vorbei und an dem Obststand an der Straßenecke, bevor sie im Buchladen verschwand. Ihre Mutter war auf tragische Weise ums Leben gekommen. Als man ihre Leiche fand, hielt Helga das verdreckte und blutbesudelte Halstuch in die Höhe und schwor, es täglich tragen zu wollen, obwohl es an einer Seite eingerissen war.

Helgas Vater promovierte über Ludwig den Kelheimer, der seinem Erzeuger Otto als Herzog von Bayern nachfolgte und den Grundstein für den Aufstieg der Wittelsbacher als eines der bedeutendsten Fürstengeschlechter im Reich legte. Helgas Aussicht auf das Abitur lag im Bereich des Unmöglichen, darum absolvierte sie nach dem Realschulabschluss auf Drängen ihres Vaters eine Buchhändlerlehre. Da Helga keine Zeit fand, die Bücher zu lesen, die sie verkaufte, füllte der Vater ihre Bildungslücken auf und erzählte ihr Anekdoten und Geschichten aus dem Herrscherhaus der Wittelsbacher. Je mehr ihr Vater zu schwärmen begann, desto mehr war sie von der Überzeugung besessen, selbst ein Spross dieses Geschlechtes zu sein. Die letzten fünf Buchstaben ihres Namens „Wittelsbach" seien im Laufe der Zeit auf tragische Weise abhanden gekommen, meinte sie. Dafür konnte sie ja nichts und erinnerte sich gerne an ihren Ur-Ur-Urgroß-vater Lucius von Wittelbach, der in einem überlieferten Brief darauf verwies, ein direkter Nachfahre des Kelheimer Ludwigs zu sein. Da-rum setzte Helga auf den Quittungen für ihre Kundschaft vor dem „Wittel" immer noch ein adliges „von".

Heute stand sie wieder vor dem Modegeschäft. Hey, da bist du ja wie-der, pack' mich doch und lege mich um deinen schönen Giraffenhals, lachte das rote Halstuch. Da der Laden schon geschlossen war, hätte sie am liebsten das Schaufenster zertrümmert. Mit ihren Handflä-chen klatschte sie verzweifelt an die Glasscheibe. Natürlich nicht zu fest. Beim Anblick einer Blutlache wäre sie womöglich in Ohnmacht gefallen. Vorhin erst hatte sie eine leichte Übelkeit umfangen, als von dem hohen Regal die *Geschichte der Wittelsbacher* auf ihren Kopf ge-fallen war. Der Schinken stand nur deswegen ganz oben, weil die Bü-cher im alphabetischen Rückwärtsgang sortiert waren. Aber der Herr, von dem sie noch nicht wusste, dass er mit dem schönen Na-men Julius Kampenhausen gesegnet war, wollte ausgerechnet dieses Buch kaufen. Also stellte sich Helga auf die Fußspitzen, streckte ihren rechten weißen Arm aus und kratzte mit den langen rot lackierten Fingernägeln am Kopfschnitt des Buches herum, während sich die Blicke dieses Herrn ausgehend von ihrer Hand über ihren nackten Arm bis zu ihrem schönen Hals abtasteten. Er starrte zwar nur auf das leuchtende Halstuch, aber der Hals darunter, so dachte er, konn-te einfach nur wunderschön sein. Und da, ausgerechnet in diesem Moment, stürzte die *Geschichte der Wittelsbacher* herunter, weil die Schwarte nicht mehr anders konnte, als Newtons Gravitationsgesetz zu folgen. Dummerweise befand sich Helgas Blondschopf in der Flugbahn. Die Erschütterung auf ihrer empfindsamen Schädeldecke verursachte eine kurze Benommenheit. Sie schwindelte. Das Buch fiel an Helgas rechtem Ohr vorbei und landete auf Herrn Kampenhausens linkem Fuß. Er wurde aus seinen Blondinenträumen gerissen. Seine Gedanken hingen nämlich an den blonden Haaren seiner Frau Anita, die scheinbar im alkoholisierten Zustand über die Reling eines Donauschiffes gefallen war. In Wirklichkeit hatte sie aber von Hugo Drechsler, ihrem Liebhaber, K.O.-Tropfen verabreicht bekommen, die dieser ihr ins Weinglas geträufelt hatte, weil sie immer noch mit diesem Idioten vögelte, den sie ihren Ehemann nannte. Sie hielt das Weinglas noch in der Hand, als dieser eifersüchtige Mistkerl während eines Kusses ihren Hintern über das Geländer schob. Und zwar genau in dem günstigen Moment, als sich die neugierigen Blicke der Passanten von dem vermeintlichen Liebesakt abwandten, weil die Stimme aus dem Lautsprecher die übliche Litanei über die Entstehung der Befreiungshalle verbreitete und die Leute mehr oder weniger gezwungen waren, ihre Blicke andächtig nach oben auf den Hügel zu richten, wo das Bauwerk majestätisch unter dem blauen Sommerhimmel thronte. Hugo Drechsler war es als letztem Menschen vergönnt, Anitas Haar zu riechen, und der Mann, den er für einen Idioten hielt, hob schließlich das Buch vom Fußboden auf und überreichte es der herrlich duftenden Helga. Sie lächelte. Herr Kampenhausen lächelte scheu zurück und zahlte. Da er auf eine handgeschriebene Quittung verzichtete, wurde er sich ihres Adels nicht bewusst. Er verließ den Laden und schnupperte in den Spätsommerabend. Eine adrette junge Dame, dachte er. Dabei schoss ein verrückter Gedanke durch seinen Kopf. Es war kurz vor 18.00 Uhr. Langsam ging er die Straße entlang und kam von diesem Gedanken nicht mehr los. Seine Frau fischte man einige Kilometer flussabwärts aus der Donau. Sie wäre sonst schlimmstenfalls in den Bosporus gespült worden, wohin sie niemals wollte. Ihre Leiche musste fürchterlich entstellt gewesen sein, als man sie an Land zog. Weil er sich den Anblick nicht zumuten wollte, verzichtete er auf den Besuch am offenen Sarg. Langsam glitt ihr Sarg in die Tiefe, mit ihr der Geruch des *Miss Dior Haarparfums*. Nach dem Besuch in der Buchhandlung setzte er sich in ein Café und blickte nervös umher.

Plötzlich entdeckte er sie. Frau von Wittel überquerte die Straße. Weil am Straßenrand Autos parkten und ihm die Sicht nahmen, sah er nur ihren Kopf hinter den Autodächern entlangschweben. Er stand auf, legte ein paar Münzen auf den Tisch und blickte wieder hinüber. Sie war verschwunden. Aufgewühlt lief er über die Straße, schaute um sich, ging ein Stück weiter und war froh, als er sie hinter einer Säule vor einem Schaufenster entdeckte. Ihre Handflächen drückten gegen die Fensterscheibe. Ihr Schädel pochte ans Glas, ganz leicht und sanft, vielleicht sogar verträumt. Julius Kampenhausen ging zu ihr und hüstelte.

Überrascht drehte sie sich sich herum. „Ach Sie sind es", lächelte sie, wie sie ihn im Laden angelächelt hatte.

„Ja, ich … ich freue mich, dass Sie mich so schnell wiedererkannt haben", antwortete er. Die *Geschichte der Wittelsbacher* hielt er unter dem Arm.

„Aber Sie verfolgen mich doch nicht?", fragte Helga und lehnte sich zurück ans Schaufenster."

„Aber wie könnte ich? Ich wollte doch nur …"

„Was wollten Sie denn?"

Herr Kampenhausen lächelte, wie er sie im Laden angelächelt hatte. „Kampenhausen, Julius Ka …"

„Hört sich sehr adlig an. Ich bin die Helga, äh … Wittelsbach. Eigentlich nur Wittel. Das *Bach* ist über die Jahrhunderte irgendwie verschwunden, aber der Ludwig war mein 10-mal oder noch mehr als 10-mal-Ur-Ur-Ur-undsoweiter-Großvater mütterlicherseits."

„Es gibt viele Ludwigs, welchen meinen Sie?"

„In Kelheim gab es nur einen. In München versuchte sich ein Ludwig an Gedichten und der andere ertrank im Starnberger See."

„Schon gut, kleine *Miss Dior*, ich habe verstanden."

„Nennen Sie mich nicht *Kleine*, ich muss dann immer an meinen Vater denken, der ein großer Professor ist." „Entschuldigen Sie, ich habe das nicht so gemeint, aber Ihr Parfum, das Parfum … um Gottes Willen …"

„Ich leiste mir das nur ein Mal im Jahr. Sind Sie nun ein Adliger oder ein Normalo?"

„Es soll keine dumme Anmache werden, Frau Wittel, aber als ich Sie im Laden sah, musste ich an meine Frau denken. Sie endete als Donauleiche …"

Helgas Trigeminusnerv zuckte.

„ … Ich traute mir nicht, ihr ins Gesicht zu schauen, als der Sarg noch geöffnet in der Friedhofskapelle aufbewahrt war. Inzwischen bereue ich das. Ich konnte mich nicht von ihr verabschieden und dann …"

„Das ist sehr schrecklich, tut mir leid, aber warum erzählen Sie das ausgerechnet mir?"

„Ach, es wäre schön, wenn Sie Julius sagen würden."

„Das geht mir jetzt ein bisschen zu weit, Herr …, flirten Sie mit mir?"

„Verstehen Sie mich nicht falsch, aber Anita hatte immer dieses Parfum."

„Ach so, warum sagen Sie das nicht gleich? Eigentlich verstehe ich Sie sogar. Schauen Sie sich mein Halstuch an. Wenn ich es trage, muss ich an meine Mutter denken."

„Oh, mein Gott, ist sie auch … ge … gegangen?"

„Die Kutsche hat sie überrollt, diese verfluchte Kutsche!" „Herrje, dann war es Ihre Mutter, die vor einem Jahr … Ihr Kopf war fast abgetrennt. So stand es in der Zeitung."

Angewidert verzog Helga ihr Gesicht, doch dann fasste sie sich wieder. „Herr von Kampenhausen oder Julius. Tun Sie mir einen Gefallen und begleiten Sie mich in die Gasse, in der meine Mutter verstarb? Ich möchte nicht auf den Friedhof. Der ist mir verhasst."

„Ich hasse auch Friedhöfe. Jedes Mal wenn ich Anitas Grab besuche, ist es eine Qual, weil ich nicht in das Gesicht des Todes sehen konnte."

„In d… die Augen d…es To…des?", stotterte Helga, und Julius erklärte, dass er die Augen seiner Frau meinte. Irgendetwas Sonderbares steckt in diesem Mann, dachte die schöne Helga von Wittel und blickte ihn an. Julius errötete. Helga fasste ihn am Arm. Sie überquerten die Straße, bogen in die Wittelsbachergasse und schlenderten über das Kopfsteinpflaster.

„Sehen Sie dort hinten die Kapelle? Dort starb meine Mutter. Sie können nicht ahnen, wie geschockt ich war, als ein hilflos wirkender Polizeibeamter an meiner Haustür klingelte und mir das Halstuch entgegenhielt. ‚Es tut mir leid, aber ihre Frau Mama ist zu Tode gekommen. Vielleicht wollen Sie …‘ Er geriet ins Stocken und überreichte mir das Halstuch. Die Kutsche war über das Halstuch gefahren. Ich dachte, ich müsse die Leiche identifizieren, aber sie hatten schon meinen Vater verständigt. Er nahm alles Notwendige in die Hand und starrte in den geöffneten Sarg. Seitdem schreckt er in jeder Nacht schweißgebadet auf. Er schrieb noch das Buch über seine umstrittene Theorie über den Mörder von Ludwig dem Kelheimer zu Ende und quittierte den Dienst. Er schenkte mir sogar ein neues oktoberleuchtendes Halstuch, damit ich nicht immer Mutters Tod mit mir herumschleppen muss. Aber ich trage das Halstuch meiner Mutter trotzdem, jeden Tag … jeden Tag.“

Inzwischen befanden sie sich auf der Höhe der alten Kapelle. Sie nahm das Halstuch herab und ihr wunderschöner Giraffenhals kam zum Vorschein. Plötzlich schauderte Julius, als er in seinem Geist die rotierenden Kutschenräder sah, die den Hals ihrer Mutter … Ein Regentropfen unterbrach seine Gedanken. Der Himmel hatte sich zugezogen. Sie konnten sich nicht erklären, wie auf einmal so schnell dunkle Wolken aufziehen konnten. Julius' Herz bebte beim Anblick ihres Halses. Er hätte sie lieben können. Aber etwas hinderte ihn daran. Anita!, schrien seine Gedanken.

Sie hielt ihm das Halstuch entgegen. „Nimm es in deine Hände, Julius. In diesem Halstuch stecken einige hundert Jahre Geschichte der Wittelsbacher. Schon mein Ur-Ur-Urgroßvater Lucius von Wittelbach schenkte es seiner Frau Mathilde. Ihr Stiefsohn Frederick, aus dem Geschlecht derer von Wolkenstein, erwürgte damit eine Venezianerin.

Sie hieß Selina. Täglich kratzte sie bei geöffnetem Fenster auf ihrer Geige und ..."

Plötzlich setzte ein Wolkenbruch ein, wie ihn Kelheim seit letztem Herbst nicht mehr erlebt hatte. Die schöne Helga von Wittel hatte eigentlich noch erzählen wollen, dass die Geige aus dem Nachlass eines Herrn Vivaldi stammte und das Halstuch nur deswegen wieder in den Besitz der Wittelsbacher gelangt sei, weil Lucius von Wittelbach nach Venedig gepilgert war und das leuchtende Halstuch aus Selinas Grab geholt hatte.

Es goss in Strömen. Julius Kampenhausen hielt das völlig durchnässte Halstuch in seiner Hand. Jetzt oder nie, dachte er. Endlich wird er in die Augen des Todes blicken und das nachholen, was er versäumt hatte. Ohne weiter Zeit zu verlieren, legte er das Tuch um Helgas Hals und schnürte es sehr eng. Sie röchelte. Das hörte er aber nicht, weil der Regen laut auf die Straße prasselte. Er sah in Anitas aufgerissene Todesaugen, die aus dem Sarg den Priester anstarrten, während das Weihrauchfass hin und herpendelte. Helgas Knie gaben nach. „Anita!", schrie er wie ein Wahnsinniger und schnürte das Tuch noch enger, „Wir sehen uns im Reich der Toten wieder!" Auf einmal hörte er ein Trappeln. Es war viel lauter als das Prasseln des Regens, viel lauter als das Röcheln Helgas. Ihre Arme und Beine fuchtelten wild. Das Schlagen der Hufen kam immer näher. Julius blickte auf und sah in wahnwitziger Geschwindigkeit die Pferde auf sich zukommen, hinter ihnen das Geräusch der Kutschenräder. Vor Schreck ließ er das Halstuch los. Helga hustete fürchterlich. Auch sie hörte das Schlagen der Hufe und ahnte Schreckliches. Ihr Hals schmerzte. Ausgerechnet heute am fünfzehnten September. Reflexartig rollte sie sich zur Seite. Ein gewaltiger Schatten flitzte vorüber und sie glaubte, für einen kurzen Moment das alte Wappen mit dem Löwen gesehen zu haben. Mühsam richtete sie sich auf und fühlte sich in ihrer Meinung bestätigt: Die unruhige Seele Ludwig des Kelheimers preschte einmal im Jahr am fünfzehnten September mit einer Kutsche durch die Wittelsbachergasse. Völlig durchnässt stand sie am Straßenrand.

Die Kutsche verlor sich im Dunst des Unwetters. Julius Kampenhausen lag auf der Straße. Sie schritt auf ihn zu und trat gegen seinen deformierten Schädel, aus dem das Blut quoll und mit dem Regenwasser vermischt die Straße hinabfloss. „Idiot!", schrie sie.

Zu Hause faltete sie das Halstuch auseinander und hängte es an die Wäscheleine. Sie schwor, im nächsten Jahr am fünfzehnten September auf die Kutsche aufzuspringen, egal, wohin die Reise ging. In der Buchhandlung wollte sie nicht verkommen. Dafür fühlte sie sich viel zu schade. Schließlich war sie eine Wittelsbacherin.

Rolf Stemmle

DAS VORMORDRECHT

Mein Schauspiellehrer hat einmal gesagt: „Ein guter Schauspieler muss eine Panne so geschickt kaschieren können, dass sie niemand bemerkt." Sicher kann ein guter Schauspieler auch einen Bühnenunfall so geschickt erzeugen, dass ihn jeder für einen Unfall hält – und die wahre Absicht des Schauspielers verborgen bleibt. Das ist mir gelungen. Also muss ich ein guter Schauspieler sein. Dieser Meinung ist übrigens auch der Intendant, der ab der nächsten Spielzeit das Landestheater Niederbayern leiten wird. Ich bleibe!

Es sei denn, diese Gedächtnisnotiz, die ich nur für mich anfertige, gerät in falsche Hände. Computerhacking oder ein dummes Missgeschick – alles ist möglich. Aber ich kann nicht anders, ich muss diese Geschichte niederschreiben, sonst platze ich.

Das Kriminalstück *Das letzte Verhör* spiele ich nach wie vor gerne. Die Rolle des spießigen Dr. Feist, der sich nachts in einen mordlüsternen Streuner verwandelt und Leute aus seiner Nachbarschaft abknallt, hatte für mich immer einen großen Reiz. Offenbar wirke ich als Dr. Feist auch überzeugend, wieso hätte mich sonst nach einer Vorstellung im Fürstlichen Theater in Passau jener Helmut B. am Bühneneingang abgefangen?

„Haben Sie einen Moment Zeit für mich?" Er war um die fünfzig, akkurat gekleidet. Erkennbar ein gut situierter Geschäftsmann.

Die Schauspielsparte hat seinen Sitz in Landshut. Wir werden mit dem Bus zu den auswärtigen Standorten in Passau und Straubing gefahren. Der Bus wartete bereits, also antworte ich: „Ich habe leider keine Zeit."

„Wo wohnen Sie? Ich kann Sie mit dem Auto mitnehmen."

„Mein Fahrrad steht am Theater in Landshut", sagte ich verwirrt. „Danke, aber ich nehme lieber den Bus."

Der Unbekannte ging nah an mich heran: „Ich weiß, dass Sie mit dem Intendantenwechsel nächste Spielzeit fliegen."

„Ja, das ist möglich …" Das war mein damaliger Wissensstand.

„Vielleicht können Sie etwas Geld gebrauchen. Ich habe ein Angebot für Sie!"

Der Busfahrer hatte schon zweimal gehupt, um die Trödler zur Eile anzutreiben. Natürlich wollte ich das Angebot des Mannes hören, notgedrungen rief ich spontan einem vorbeilaufenden Kollegen zu, er solle dem Busfahrer ausrichten, dass er auf mich nicht warten solle. Ich stieg also in das Auto des Mannes. Es war ein erstklassiger BMW mit allem Schnickschnack. Er war offenbar wirklich gut im Geschäft.

Bei der Fahrt über die Autobahn blieben wir permanent auf dem linken Streifen. Wir schossen an allem vorbei, was sonst noch so über die Fahrbahn kroch.

„Ihnen ist bestimmt schon einmal der Herr aufgefallen, der im Freitags-Abo in der Mitte der ersten Reihe sitzt, Platz 8. Heute trug er ein helles Jackett, um die vierzig, blonder Schnauzbart."

Ich nickte. Das Bühnenlicht fiel direkt auf ihn.

„Das ist Alfred Solbeck, ein Theaterfreund und Grundstücksspekulant aus Passau", erklärte Helmut B., während wir einen Porsche

911 überholten. „Er hat mir eine interessante Immobilie abgeluchst, für die ich ein Vorkaufsrecht besaß. Weitere Hintergründe tun nichts zur Sache. Ich bin heute nach Passau ins Theater gekommen, weil ich von seinem Freitags-Abo weiß und weil ich ihm eine letzte Chance geben wollte. Aber er ist stur geblieben, also muss ich jetzt die Konsequenz daraus ziehen."

Ich sah ihn fragend an. Offenbar dachte er dabei an mich!

„Die Jobs der Ensemblemitglieder sind durch den anstehenden Intendantenwechsel gefährdet. Das stand in der Zeitung, und die Aussichten für Schauspieler sind schlecht. Auch für so beeindruckende wie Sie!"

Ich bedankte mich höflich und kurz.

„Ich habe heute einen wunderbaren Theaterabend mit Ihnen als Mörder erlebt. Das wäre doch für Sie auch eine Rolle im realen Leben, habe ich mir gedacht."

„Alfred Solbeck?", rutschte es aus meinem Mund.

„Sie haben keinen Bezug zu ihm und wohnen in Landshut. Niemand wird die Tat mit Ihnen in Verbindung bringen." Dann bot er mir 100.000 Euro. Die Pistole wollte er mir zukommen lassen.

Bevor man mich dafür verteufelt, dass ich nach einigem Hin und Her schließlich zugesagt habe, muss man wissen, dass ich Schulden angehäuft hatte und Alimente für ein Kind aus einer gescheiterten Beziehung zahlte. Und was nicht zu unterschätzen ist: Ich fühlte mich an diesem Abend groß und bedeutend. Ich hatte eine grandiose Vorstellung gespielt und irgendwie steckte der Mörder noch in mir. Und ich flitzte gerade an Kriechern vorbei, zumindest auf dem Beifahrersitz. Allesamt Verlierer, was das Kräftemessen auf der Autobahn anging. Helmut B. war so versessen auf meine Mithilfe, dass ich mühelos das Doppelte oder Dreifache hätte heraushandeln können, aber bei einer höheren Summe wäre ich mir noch sehr viel krimineller vorgekommen. 100.000 Euro sollten fürs Erste reichen, um eine Weile über die Runden zu kommen.

Ein paar Tage später erhielt ich ein Paket mit einer neuwertigen Schusswaffe samt Schalldämpfer und Gebrauchsanweisung. Noch am gleichen Abend rief er mich an. Mein Opfer spiele mittwochs regelmäßig im Braustüberl Hacklberg Skat und gehe meist zwischen 23 und 24 Uhr zu Fuß nach Hause. Er wohne als Single im Agathenweg 7, eine Abzweigung von der Stephanstraße.

Am kommenden Mittwoch hatte ich weder eine Aufführung noch eine Probe. Ich borgte mir von meiner Nachbarin das Auto. Das war nicht auffällig, weil ich es immer benutze, wenn ich Dinge außerhalb von Landshut zu erledigen hatte. Das Gefährt ist eine lahme Ente, und so war an diesem Tag ich der Verlierer auf der Autobahn. Und genauso fühlte ich mich auch. Wer begeht schon gerne einen Mord! Aber Zusage ist Zusage, da bin ich eisern!

Alfred Solbeck bewohnte, wie ich erwartet hatte, ein ansehnliches Einfamilienhaus. Das Anwesen lag in ahnungslosem Schlaf.

Die Gartentür war offen. Die Straßenlaternen wurden von hohen Birken abgeschirmt, sodass ich mich im Vorgarten, sicherlich unbemerkt, hinter einem Strauch postieren konnte.

Es war gerade 23 Uhr geworden. In der Rechten hielt ich die Pistole. Ich hatte sie erst kurz zuvor aus der Verpackung geholt und entsprechend der Gebrauchsanweisung geladen. Ich wollte die Angelegenheit aus meinem gewöhnlichen Leben halten und so rasch wie möglich hinter mich bringen.

Von der Straße näherten sich Stimmen. Es wurde laut geredet und gelacht. Vor dem Gartentor blieben sie stehen. Ich versuchte, durch die Zweige zu forschen. Ich erkannte Alfred Solbeck mit drei weiteren Männern.

Doch plötzlich bemerkte ich ein Rascheln in unmittelbarer Nähe. Ich trat einen Schritt zur Seite und entdeckte eine Gestalt beim Nachbarstrauch. Die Gestalt musste mich längst gesehen haben, denn ich stand aus ihrer Sicht völlig unverdeckt.

„Schießen Sie bloß nicht!", flüsterte die Gestalt. Es war eine jüngere Frau. „Der gehört mir!"

„Nein, keine Angst!", gab ich leise zurück. „Ich schieße nicht vor so vielen Zeugen."

Ich wunderte mich, dass ich so selbstverständlich über das Mordhandwerk sprechen konnte, aber einen ähnlichen Satz hatte ich auch im *Letzten Verhör* zu sagen.

Jetzt mussten wir still sein, denn die Männer kamen in den Vorgarten.

„Also, noch eine Runde, auf deinen Geburtstag!", lachte Solbeck und er meinte damit einen ziemlich dicken Freund, der eine Flasche einladend in die Höhe hielt. Die Gruppe stolperte über den Gehweg, bis sie schließlich im Innern des Hauses verschwand.

Nun konnte ich mit der Frau weitersprechen. Sie kam auf mich zu und ließ dabei eine kleine Pistole in der Handtasche verschwinden. Das beruhigte mich. Im Gegenzug steckte ich meine Pistole ins Jackett. Wir waren uns also einig, dass wir uns nicht wechselseitig abknallen wollten.

„Warum sind Sie hier?", fragte die Unbekannte streng.

„Ich bin ein bestellter Killer", erklärte ich so zurückhaltend, als wollte ich mich verteidigen. „Es geht um eine wirtschaftliche Angelegenheit. Mehr weiß ich nicht."

„Ich bin seine verflossene, langjährige Geliebte. Er hat mich abserviert wie eine leere Suppenterrine. Also habe ich ein ganz unmittelbares, persönliches Interesse!"

Ihre Argumentation konnte ich nachvollziehen. „Sie wollen den ersten Schuss!"

„Ja", sagte sie kurz. „Nur wenn ich nicht treffe, dürfen Sie nachschießen. Ich beanspruche das Vormordrecht!"

Was mein Auftraggeber Helmut B. natürlich nicht wissen durfte: Ich lenkte sofort ein. Und zwar aus zwei Gründen. Zum einen riss ich mich nicht darum, ein Mörder zu werden, wenn der Erfolg auch anders zu verwirklichen war, und zum anderen sah mich diese Frau mit so energischen und hübschen Augen an, dass ich ihr den Wunsch unmöglich abschlagen konnte.

Am folgenden Mittwoch hatte ich den Macduff in Shakespeares *Macbeth* zu spielen. Sie hatte ihren Dienstplan nicht dabei. Also konnten wir uns nicht auf den gleichen Zeitpunkt nächster Woche vertagen. Wir tauschten die Handynummern aus, um uns zeitnah zu einem doppelt abgesicherten Attentat verabreden zu können.

Meinem Auftraggeber musste ich beichten, dass der erste Versuch missglückt sei. Er reagierte mit Verständnis, als ich ihm von dem verlängerten Herrenabend erzählte. Natürlich wollte er rasch die Leiche seines Feindes sehen. Ich versicherte, ich sei ihm auf der Spur.

Bald danach rief sie an. „Am Montag holt er seine neue Freundin von der Arbeit ab. Ihr Auto ist in der Werkstatt", erklärte sie. „Fragen Sie nicht, woher ich das weiß! Sie betreibt ein kleines Fitnessstudio. Das Studio schließt um zehn. Um halb elf ist die Gegend menschenleer." Sie nannte die Adresse. „Ich habe das Vormordrecht!", erinnerte sie abschließend.

„Ist klar!"

Ich hatte zuvor eine Probe in Landshut und musste kräftig aufs Gas drücken, damit ich rechtzeitig in Passau war. Kurz vor halb elf parkte ich in einer Nebenstraße. Um mich herum standen Fertigungshallen und Bürokomplexe, nur mäßig beschienen von wenigen Straßenlaternen.

Zwischen einer Druckerei und einem Getränkegroßhändler erhob sich der Betonklotz mit dem Fitnessstudio. Ich schlenderte so unverdächtig wie möglich an der Fassade vorüber, in der Hoffnung, meine Kollegin würde sich bemerkbar machen. Tatsächlich pfiff sie mir leise zu. Sie wartete hinter einem geparkten Lieferwagen. Ich ging zu ihr. Wir zeigten uns die Waffen, um uns gegenseitig zu beweisen, dass es losgehen konnte.

„Er müsste allmählich kommen", flüsterte sie.

„Und wenn seine Freundin noch vorher aus dem Studio kommt?"

Die Frau lächelte böse: „Sie muss die Geschichte nicht unbedingt überleben. Aber keine Sorge: Ich mach das schon! Sie sind der Notnagel!"

Ich verzog den Mund. Obwohl ich mich ja um das Morden nicht riss, wollte ich dennoch mit Respekt behandelt werden.

Endlich kam ein Wagen heran. Er bog auf den Platz vor dem Studio. Der Motor wurde abgestellt. Der Fahrer blieb im Wagen.

„Was machen wir jetzt?", fragte ich. „Wollen Sie den Wagen stürmen?"

Sie wollte antworten, doch ihr Handy begann zu vibrieren. Ich hörte das surrende Geräusch aus ihrer Jackentasche.

„Ich muss rangehen!", sagte sie entschuldigend. Hektisch holte sie das Handy hervor und lauschte aufmerksam. „Ok." Dann steckte sie es zurück. „Ich bin auf Bereitschaft", erklärte sie. „Ich muss sofort weg."

Ich war baff. Ich deutete fragend mit meiner Pistole auf das Auto.

„Ich rufe Sie wieder an!", flüsterte die Frau. „Sie verschwinden auch! Ich habe das Vormordrecht!" Mit diesen Worten schlüpfte sie ins Dunkle.

Ich blieb wütend zurück. Wie gerne hätte ich hinter die Angelegenheit endlich einen Punkt gesetzt! Ich war kurz davor, auf das Auto zuzulaufen, die Beifahrertüre aufzureißen und mich mit ein paar Schüssen zu erlösen. Aber ich tat es nicht. Die Vereinbarung mit der hübschen Frau galt mir mehr als der Vertrag mit Helmut B. Ich wollte es mir nicht mit ihr verscherzen.

Schon am nächsten Tag änderte sich meine Haltung.

Helmut B. rief wieder an, voller Ungeduld. Ich erzählte eine Lügengeschichte. Nun wurde Helmut B. unerwartet sehr wütend. „Ich kann auch anders!", schrie er durch das Telefon. „Ich habe ein paar sehr gute Freunde, die sie gerne besuchen! Ich gebe Ihnen noch bis Sonntag Zeit!" Ohne sich zu verabschieden, legte er auf.

Noch bis Sonntag! Heute war Donnerstag.

Die Frau meldete sich nicht. Als ich bei ihr anrief, traf ich nur auf ihre Mailbox. Ich beschloss in meiner Not, auf eigene Faust zu handeln. Dann wurde mir Folgendes bewusst: Am Freitag war *Macbeth* in Passau. Freitags-Abo. Alfred Solbeck würde in der Mitte der ersten Reihe sitzen.

Ich spielte den Macduff, Macbeths Widersacher, der sich mit dem blutrünstigen Tyrannen den Showdown liefert. Die Aufständischen treffen auf die Soldaten des Schottischen Königs und Macduff auf Macbeth. Ein wilder Kampf mit Schwertern, Theaterschwertern, die aber doch so gewichtig und gefährlich sind, dass wir bei der Einstudierung gut auf uns aufpassen mussten. Der Regisseur hatte den Orchestergraben abdecken lassen, sodass ich mich mit meinem Kollegen Holger, ein besonders rasender Macbeth, unmittelbar vor dem Publikum duellieren konnte. Das war die Grundlage für meinen Plan.

Natürlich gehört es zu den Basispflichten eines Schauspielers, dass durch seine Bühnenaktionen niemand zu Schaden kommt, aber es gab in der langen Geschichte des Theaters immer wieder blutige Unfälle, tödliche Unfälle sogar, für die letztlich der Verursacher nichts konnte. Ich musste durch einen geschickt gespielten Unfall ein Gemetzel in der Mitte der ersten Reihe anrichten. Ich stand unter erheblichen Handlungsdruck. Nur so ist zu erklären, dass mir das Unterfangen auch tatsächlich gelang.

Holger und ich waren bereits am Ende unserer Kräfte. Wir hatten zwei Stunden Shakespeare hinter uns, und der Schwertkampf dauerte schon knappe fünf Minuten. Macbeth erhob sich drohend vor mir – mit dem Rücken zum Publikum, nahe an der ersten Reihe. Ich griff, wie einstudiert, mit voller Wucht an. Doch anstatt Macbeth zu erreichen, stolperte ich auf halbem Weg und flog auf Alfred Solbeck zu, das Schwert auf seinen Oberkörper ausgerichtet. Dann der entsetzliche Moment, in dem die Spitze in seine Krawatte fuhr. Die Energie, die durch mein Stolpern und Fliegen entstanden war, reichte aus, das abgestumpfte Schwert bis in die Rückenlehne des Polstersitzes zu rammen. Alfred Solbeck sackte sofort zusammen. Ich warf mich noch zur Seite, um nicht ins Blut zu stürzen, und landete im weichen Schoß einer beleibten Dame.

Es lässt sich denken, welches Chaos sogleich herrschte. Zu meiner Beruhigung wurde ich von Kollegen und Zuschauern ebenso umsorgt wie Alfred Solbeck und die Dame. Holger rief: „Mein Gott, das hat ja mal passieren müssen!" Das zeigte mir, dass er, der unmittelbare Zeuge, von einem fürchterlichen Unfall ausging.

Alfred Solbeck röchelte noch. Er wurde vorsichtig auf die Bühnenfläche gelegt. Ein robuster jüngerer Mann hielt das Schwert, das aus seinem Leib ragte. Man weiß aus dem Erste-Hilfe-Kurs, dass eingedrungene Gegenstände nicht eigenmächtig aus einem Unfallopfer gezogen werden dürfen, um nicht noch zusätzliche Verletzungen zu verursachen. Wenig später rückte eine Gruppe Sanitäter in das Parkett des Fürstlichen Theaters. An der Spitze: meine attraktive Kumpanin. Sie war die Notärztin, die das Opfer erstversorgen sollte.

Ich hockte inzwischen in einem gespielten Schockzustand auf dem Souffleurkasten. Sie erschrak sicher genau so wie ich, als sie mich und Solbeck sah, und ihr muss sofort der Zusammenhang bewusst geworden sein. Da Alfred Solbeck noch lebte, schien sie mit mir zufrieden gewesen zu sein. Ich hatte gute Vorarbeit geleistet, und sie würde unverzüglich ihr Vormordrecht durch geschicktes ärztliches Handeln ausüben können.

Jedenfalls erfuhr ich in den späten Abendstunden, dass der Zuschauer noch auf dem Weg ins Krankenhaus verstorben ist. Meine Aktion stufte die Staatsanwaltschaft tatsächlich als tragischen Unfall ein, der Zweikampf wurde auf die hintere Bühne verlegt. Helmut B. ließ mir durch einen sehr höflichen Boten 100.000 Euro bringen.

Da mich der neue Intendant ja übernehmen will, werde ich also weiter am Landestheater Niederbayern zu erleben sein. Und vielleicht sehe ich ja die süße Kumpanin wieder. Ihre Handynummer habe ich noch …

Puh, das war's. Jetzt ist es raus und in eine Datei gepackt. Die schließe ich sofort und schütze sie mit einem Passwort.

Keine Panik, alter Knabe! Die Geschichte kommt nicht in falsche Hände.

Thyra Thorn

HOUELLEBECQ UND DAS ENDE DER GESCHICHTEN

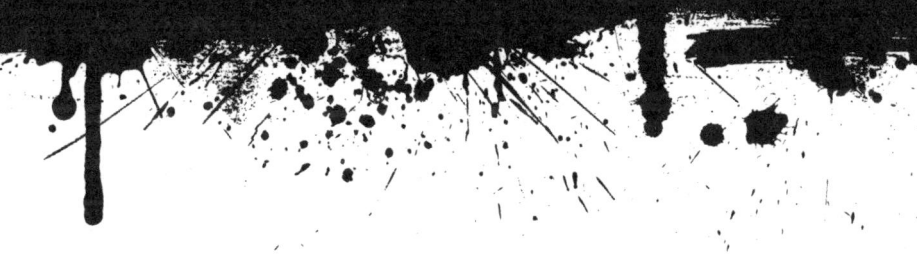

Ein milder Sonnenstrahl fiel auf den alten Parkettboden und zeichnete einen schwachen Strich auf das Fischgrätmuster. Die schweren Vorhänge vor den Fenstern schlossen nicht ganz. So oft Erika auch das Dienstmädchen schalt, es gelang nicht, zog man sie in der Mitte ganz zusammen, reichte es an der Seite nicht mehr und der schmale Streifen Tageslicht fiel auf eine andere Stelle. Erbost über deren unzureichende Bemühungen entließ Erika daraufhin die Angestellte, und zwar fristlos. Wie ihre zahlreichen Vorgängerinnen nahm die junge Frau das mit einer gewissen Erleichterung zur Kenntnis, bestand aber, anders als die armseligen Geschöpfe vor ihr, auf Auszahlung des ausstehenden Gehalts. „Bis zum nächsten Ersten", sagte sie, „sonst gehe ich vors Arbeitsgericht."

Erika realisierte, dass sie vor dem Gericht würde erscheinen müssen und man sie zwänge, sich durch die Eingangsschleuse zu quetschen. Womöglich würde man sie auch noch auf Waffen untersuchen. Eine nicht hinnehmbare Zumutung. Sie zahlte das Mädchen aus, verzichtete aber seitdem auf eine ständige dienstbare Begleiterin. Stattdessen engagierte sie einen Putzdienst, dem sie einen Hausschlüssel übergab und der einmal in der Woche die Wohnung reinigte, mit Ausnahme des Zimmers, in dem sie sich gerade aufhielt. Die Vorhänge wurden durch breitere ersetzt und ein Wäschedienst kümmerte sich um sämtliche waschbaren Stoffe. Während der Haushaltsarbeiten hielt sie sich bei geschlossener Tür in ihrem Zimmer auf und vermied jeden Kontakt.

Leider war Erika so dick, dass sie nicht mehr alle Teile ihres Körpers mit den Händen oder einem Waschlappen erreichen konnte, und so mussten wegen der notwendigen Körperpflege viermal in der Woche auch noch die „Johanniter" kommen. Deren anfänglichen Bemühungen um menschliche Wärme begegnete Erika mit eisigem Schweigen und kam so schon bald in den Genuss einer überaus professionellen Routine der Beauftragten. Diese pflegten ihren Körper sachgerecht mit Schnelligkeit und Effizienz und brachten ihren Dienst baldmöglichst hinter sich. Genau das war es, was Erika erreichen wollte, sie wollte Schweigen um sich herum und keinen Lärm. Sie wollte vor allem keine dieser unendlich banalen Lebensgeschichten ihrer Angestellten hören.

Nachdem sie die Tortur körperlicher Nähe überstanden hatte, wartete Erika im Allgemeinen, bis sich die Tür hinter der Altenpflegerin geschlossen hatte, und watschelte dann in die Küche, um sich ein opulentes Frühstück zu bereiten. Sowohl dem Einkauf hochwertiger Lebensmittel als auch der Zubereitung der Speisen und deren anschließendem Genuss gewann sie Freude ab. Den Tag teilte sie in die fünf Abschnitte zwischen Frühstück, Vormittagsimbiss, Mittagessen, nachmittäglichem Kaffee und Kuchen und Abendessen. Die Nacht war lang. Doch Erika wich nicht von ihrem Plan ab und änderte nie den Tagesablauf, sondern hielt exakt den Rhythmus ein, der sich im Lauf der Jahre als zur Nahrungsaufnahme geeignet erwiesen hatte. Die strenge Taktung und das Zerhacken der Zeit in kleine Einheiten machten ihr den Tag kurzweilig.

Eine andere Art der Zerstreuung brachte die Aussicht auf den Park vor den großen Fenstern ihrer noch größeren Wohnung, die sie einst mit dem Herrn Oberfinanzdirektor geteilt hatte. Dieser war schon vor vielen Jahren gestorben und hatte sie wohlversorgt zurückgelassen. Erika beobachtete den öffentlichen Garten nur in der Zeit bis zum Vormittagsimbiss, danach füllte er sich mit lärmenden Menschen, vor allem mit kleinen Kindern. Erst ab dem Abendessen wurde es wieder erträglicher, da schlurften ein paar Rentner, Säufer und bisweilen ein Obdachloser durch das Halbdunkel unter den gewaltigen Buchen. Später würden die Liebespaare kommen, aber die wollte sie nicht sehen.

Zweimal in der Woche machte sie sich zu einer Expedition in die Stadt auf, dazu nahm sie – obwohl sie in Wirklichkeit noch gut laufen konnte – den elektrischen Rollstuhl, der im Treppenhaus für sie bereit stand. Es war bequemer, den Händlern einen Einkaufszettel zu überreichen und sie die Taschen füllen und die Waren in den großen Korb legen zu lassen. In den Buchhandlungen stöberte sie auf den Verkaufstischen oder ließ sich bestimmte Exemplare aus den Regalen reichen. Zuhause im Flur erhob sie sich ohne jede Mühe aus dem Stuhl und trug ihre Einkäufe die drei Stufen hoch in ihre Wohnung.

In den ersten Jahren nach dem Tod ihres Mannes hatte Erika einfach das getan, was auch während der Ehe ihre Hauptbeschäftigung gewesen war, sie sah fern. Im Laufe der Zeit hatte sich jedoch ein gewisser Überdruss bei ihr eingestellt, der daher rührte, dass sie viele Filme schon mehrfach gesehen hatte und bei den neuen Produktionen schon nach den ersten Minuten Ähnlichkeiten zu früheren Handlungsverläufen erkannte. Bei den Krimis konnte sie bisweilen schon nach den ersten Minuten sagen, worauf es ungefähr hinauslief. Die Annahme, dass in fünfundneunzig Prozent der Produktionen nicht der vordergründig Verdächtige der Täter war, sowie die Verteilung gutbezahlter Schauspieler auf Schlüsselrollen und die verbleibende Restdauer des Films waren für ihre Prognose genauso ausschlaggebend wie der grundsätzliche erzieherische Effekt, den die Bestrafung des Verbrechers auf das Publikum ausüben sollte. Zwar wurde – um dem Ganzen etwas Würze zu verleihen – die Hauptstory meist durch eine Nebenhandlung aufgepeppt, in der es um die persönlichen Befindlichkeiten der Kommissare ging, die Probleme mit dem Job und der Familie hatten, doch das enervierte Erika noch mehr. Sie hatte sich anderen Genres zugewandt, aber schnell feststellen müssen, dass den Präliminarien von Liebes- oder Actionfilmen mit so schöner Regelmäßigkeit gefolgt wurde, dass sie auch da spätestens nach einer Viertelstunde das vermutliche Ende hatte voraussagen können. Es blieben nur noch die Experimentalfilme, deren Außergewöhnlichkeit jedoch auch gewissen schnell durchschaubaren Regeln folgte. Weil dies auf die Dauer Erikas Intelligenz beleidigte, blieb fortan der Fernseher aus.

Ihre Aktivitäten konzentrierten sich von da an aufs Essen, den Blick in den Park und das Lesen zahlreicher Bücher. Diese füllten bereits die Regalwände von fünf der zehn Zimmer ihrer Wohnung. Zwar schrieben die meisten Autoren, als würden sie ihr ganzes Leben lang nur für den e i n e n großen Roman üben, aber es gab auch welche, die Erika erfreuten, selbst wenn es nur ein paar originelle Gedanken oder Sätze waren, denen sie nachsinnen konnte. Einem Autor verzieh Erika jedoch jede Plattheit – Michel Houellebecq. Sie bewunderte seine analytische Begabung, fand seine Erzählungen epochal und seine Scharfsinnigkeit entlarvend. Von Buch zu Buch wuchs ihre Begeisterung: „Plattform" ließ sie an die Liebe glauben, die „Elementarteilchen" mit klarem Blick in die Zukunft schauen, die Analyse der Kunst in „Karte und Gebiet" schien ihr profund und in der dystopischen „Unterwerfung" sah sie eine – letztlich wohlwollende – Mahnung an die Menschheit. Auch die Weisheiten und Kommentare, die er in seinen Interviews zum Besten gab, berührten ihr Herz, als spräche er nur zu ihr, zu der heimlichen Seelenverwandten, die er zu seinem großen Unglück nie würde kennenlernen. Sie teilte sein Leben, ahnte seinen Kummer, fühlte seine Lust und sein Begehren, kurz gesagt, ging seinen Weg mit ihm. Zwar war sie auf seinen Hund noch eine Zeitlang eifersüchtig, aber dann starb glücklicherweise auch der und zwischen ihr und Houellebecqs Seele lagen nur ein wenig Raum und ein paar Schleier, die bald verfliegen würden, und dann wäre sie der Trost für seinen Kummer, der rechte Weg für den Irrenden, das Pflaster für die Wunde seiner Weltverdrossenheit und die Erfüllung seiner leidenschaftlichsten Wünsche – auch der, von denen er bis dahin nichts geahnt hatte. Mit Houellebecq ging Erika die zweite Beziehung ihres Lebens zu einem Mann ein. Er war zwar unerreichbar, aber sie sagte sich, dass nicht erfüllte Liebe schließlich ewig halte.

Doch es kam anders.

Houellebecq bekannte sich überraschend und ohne jede Vorwarnung zu „Schopenhauers Gegenwart", fand zum Philosophen seiner Jugend zurück, schloss sozusagen den Kreis und sagte fortan jedes Interview ab. Es war, als ob er sich in die karge Kammer weltflüchtiger Altersphilosophie zurückzöge und jeglicher irdischen Leidenschaft – und damit auch Erika – abschwöre. Ein schmerzvolles Ende ihrer Liebe. Der Mann, der widerborstig und unbequem seine Klauen gleichermaßen in das Fleisch linksintellektueller wie reaktionärer Zeitgenossen geschlagen hatte, ergab sich offenbar der Altersdepression.

Erika weinte, schließlich hatte Houellebecq sie verlassen, und hörte auf, Bücher zu lesen – wen hätte es nach ihm noch geben können? Sie betrat ihre Bibliothekszimmer nicht mehr, denn zwischen den Buchdeckeln lauerten unzählige Geschichten, die kamen und gingen, entstanden, wuchsen, nur um wieder zu vergehen. Zurück blieb ein Nichts, das umso schmerzhafter war, weil es das soundsovielte Nichts in einer langen Reihe war. Houellebecq hatte sie ins Leere gestoßen.

Noch ein letztes Mal begehrte Erika auf. War ihr Geliebter aus enttäuschter Liebeshoffnung vor all diesen Geschichten geflohen? Hatte er ihr sagen wollen, dass diese Lebensläufe, Dramen und Schicksale, diese Wünsche und Sehnsüchte nicht nur nichtig wären, sondern darüber hinaus weiteres Leid bedingten und dass ihm daher nichts mehr an ihnen läge? Dass es geradezu unlogisch wäre, würde er einen weiteren Roman oder auch nur einen einzigen Aphorismus schreiben, wenn er doch die wahre Liebe nicht fände? Dass er sich lieber tief ins „Erhabene" versenken oder gleich zum Sterben hinlegen wolle? „Kehr um", würde sie ihm zurufen, „glaube, liebe, lebe für m i c h." Doch wie sollte sie ihn retten, wie ihn erreichen? Tief im Inneren wusste sie, er hatte recht und das war der Lauf des Lebens.

Es blieben also nur noch zwei Tätigkeiten übrig, das Essen und der Blick zwischen den Gitterstäben hindurch, die ihre Parterrewohnung vor Einbrechern schützten.

Der Dörnbergpark öffnete morgens sehr zeitig. Ein paar Arbeitnehmer genossen die paar Schritte durch lebende Natur, bevor sie ihren Achtstundentag im klimatisierten Büro „abrissen". Muskulöse Männer – wahrscheinlich die Wärter – strebten breitbeinig dem Gefängnis auf der gegenüberliegenden Seite der Grünanlage zu, hinter ihnen die schmalgesichtigen Anwälte, die im Amtsgericht zu tun hatten, und später nestelten Rentnerinnen an Säckchen mit Brotkrumen, um unerlaubterweise kleine Tiere zu füttern. „Gemma Tauben vergiften im Park", summte Erika und schloss die Vorhänge, bevor die Sonne das Parkett ausbleichen konnte. Es folgten Vormittagsimbiss, Mittagessen, Kaffee und Kuchen, Abendbrot, Blick in den Park, Nacht, das Ertragen der ambulanten Körperpflege, Frühstück, Blick in den Park, Vormittagskaffee, Mittagessen, Kaffee und Kuchen, Abendessen, Blick in den Park, Schlaf, Frühstück, Blick in den Park, das Ertragen der Hauspflege, Vormittagskaffee und so fort.

Doch etwas hatte sich geändert.

War es Houellebecq, der letztendlich ihre Sinne geschärft hatte? Denn das beruhigende Gleichmaß ihres Lebens bot auf einmal keinen Schutz mehr. Durch das Gezwitscher der Vögel im Park und den Autolärm der Straße dahinter geriet es aus dem Takt. Ein Gefühl von Bedrängnis und unterschwelliger, aber beständiger Gefahr drückte auf Brustkorb und Gemüt. Wie hatte ihr entgehen können, dass unmittelbar um sie herum ununterbrochen Geschichten von dramatischen Schicksalen und lächerlichen Freuden erzählt wurden? Aus den Kehlen der Vögel, den Mündern der Passanten, sogar aus den Auspuffen der Autos quollen pausenlos Erklärungen, Geständnisse und Lebensbeichten. Ein immer währendes Geschrei, ein Heischen nach Aufmerksamkeit, ein anschwellender Wust von Leidenschaften. Unerträglich. Sie musste dem Einhalt gebieten.

Erika betrat eines der Bücherzimmer und zog eine Anthologie aus dem Regal. „Vierunddreißig Geschichten über Menschen, die wissen, daß sie sterben werden" stand auf dem Deckblatt, darunter lag in einer ausgeschnittenen Höhlung der kleine Revolver, den ihr Mann einst in der „Sonne", einem berüchtigten Lokal gegenüber der „Wurstkuchl", gekauft hatte. Er hatte ihn ihr zu Weihnachten geschenkt und darauf bestanden, dass sie mit ihm zusammen in den Schützenverein eintrete. Es waren die glücklichsten Jahre ihrer Ehe, auch weil Erika oft absichtlich daneben schoss, um ihren Mann nicht zu düpieren. In Wirklichkeit traf sie wie von allein immer mitten ins Schwarze, es war, als ob ihre Gedanken die Kugel an ihr Ziel trügen.

Der Revolver war wie neu, die Mechanik klickte leise und das Metall glänzte. Die Patronen fischte sie aus Rudolf Steiners „Philosophie der Freiheit", die sie schon immer besonders verabscheut und daher mit Freuden zweckentfremdet hatte. Sie lächelte, schob eine Patrone in den Lauf und zielte auf ein Sofakissen. Die Federn stoben. Das Einschussloch befand sich genau in der Mitte der punktsymmetrischen Kreuzstichstickerei. Nach ihrem Abendessen, einem „Salade niçoise" mit Wachteleiern, einem Baguette und einem Glas Merlot, trat Erika durch die Glastür auf ihre Terrasse und erschoss eine Amsel im Park, die ihr Nachtlied mit besonders penetranten Koloraturen verziert hatte. Der Knall des Schusses ging im Straßenlärm unter. Wer ihn hörte, vermutete die Fehlzündung eines Verbrennungsmotors.

In den folgenden Wochen war es wieder so still und leer, wie Erika es gern hatte. Sie entspannte sich und vertiefte sich in die Zubereitung von Seeteufel, Barberie-Entenbrust, Salzburger Nockerln und weiteren Gerichten, die ihre Kochkunst herausforderten. Aber auch einfache Tätigkeiten wie das Kartoffelschälen verhalfen ihr, da sie über einen überaus reichen Geist und hohe Bildung verfügte, ganz im Sinne des neuen Schopenhauer-Houellebecq'schen Zen-Buddhismus, zur Heiterkeit des Gemüts. Der Zustand fröhlicher egozentrierter Zufriedenheit währte jedoch nicht lange. Der Penner, der sich neuerdings regelmäßig in den Abendstunden im Park herumtrieb, pflegte lebhafte Selbstgespräche zu führen und richtete sich, ununterbrochen murmelnd, gestikulierend, schimpfend, lallend, lachend und grölend häuslich auf der Bank direkt vor Erikas Terrasse ein. Nicht lange und sie griff zum Revolver.

Selbstverständlich nahm die Regensburger Kriminalpolizei sofort ihre Arbeit auf. Doch niemand kam auf die Idee, dass die arme, alte Frau, die im Angesicht des toten Obdachlosen direkt vor ihrer Wohnung bestimmt tausend Ängste hatte erleiden müssen, von unerkannter Schusskraft war. Auch als die örtlichen Rentnerinnen fortan keine Eichhörnchen mehr füttern konnten, kam es Erika zugute, dass die Öffentlichkeit sie nur im Rollstuhl kannte und auch der Pflegedienst schwor, sie wäre zu fett zum Morden.

Erika merkte natürlich, dass die Perioden innerer Ruhe und Ausgeglichenheit immer kürzer wurden und die Geschichten, die die Leute wie Blasen mit sich herumtrugen, im Moment des Todes zwar zerplatzten, aber schon bald von neuen Menschen und ihren Lebensdramen ersetzt werden würden. Irgendwann würde man sie beim Töten beobachten, sozusagen „in flagranti" erwischen. Sie malte sich aus, wie man sie anschließend im Amtsgericht verurteilen und ins Gefängnis sperren würde. Ihr Leben würde streng geregelt sein. Sie würde eine Einzelzelle bekommen, tagsüber in der Küche arbeiten und zwischen den Gitterstäben hindurch von der anderen Seite in den Dörnbergpark schauen.

Erika wusste nicht, dass weibliche Straftäterinnen in die Strafvollzugsanstalten nach Aichach und München kommen.

Franz Joseph Vohburger

DER JUNGFRAUENMÖRDER VON REGENDORF

Der Galgenberg zu Burglengenfeld, hoch auf einem Hügel über der alten Straße von Burglengenfeld Richtung Regensburg gelegen, ist heutzutage eine von den Bürgern von Burglengenfeld immer noch gerne und oft besuchte Erholungslandschaft innerhalb des heutigen Stadtgebiets. Vor vielen Jahrhunderten lag der Galgenberg abgeschieden und außerhalb der Stadtmauern. Er war und ist ein unheimlicher Ort; schon deshalb, weil dort früher, zu Zeiten des hoch gerühmten und gefürchteten „Mächtigen Landgerichts auf dem Nordgau", einem Blutgericht, für etliche Räuber und Mörder das letzte Stündlein geschlagen hatte. Auch eine Reihe von Hexenprozessen endete hier mörderisch für so manche unschuldig verurteilte Frau und Mannsperson. – Eine unweigerliche Folge des einstmals bei uns herrschenden Hexenwahns. Heute künden nur mehr die langsam vor sich hinbröckelnden steinernen Rundmauern des Unterbaus des Lengfelder Galgens von der einstigen Richtstätte, auf welcher der Nach- bzw. der Scharfrichter einst sein blutiges Handwerk verrichtete.

Wahrscheinlich befand sich einst auch die Wohnstätte des Henkers von Burglengenfeld neben dem Galgen. Der Grund hierfür ist wohl, dass man zwar einen Scharfrichter und Henker für die damalige Rechtsprechung unbedingt brauchte, aber aus begreiflichen Gründen ihn und seine Familie fürchtete und soweit als möglich mied. Der Henker und seine Familienmitglieder durften zwar in die Stadt gehen, um einzukaufen und sogar auch das Wirtshaus aufzusuchen. Für die Henkersleute hatte man jedoch dort vorsorglich einen eigenen Tisch aufgestellt. Die Löffel waren dort angekettet, damit ja kein anderer Bürger sie zum Essen benutzte. Ein Bürger hätte durch die Benutzung ebenfalls ehrlos werden können!

Dabei waren die Henker und deren Familien durchaus wohlhabend und sie verdienten sich neben ihrer üblicherweise gut bezahlten blutigen Dienste so manches Zubrot; und zwar mit dem Verkauf von Zaubermitteln, bestehend aus abgetrennten Körperteilen der Hingerichteten. – Es waren harte Zeiten dazumal.

Heute erzählt uns nur noch der Sturmwind, der nächtlich schaurig über den Galgenberg hinwegbraust, die uralten Geschichten von mancherlei begangenen Untaten und von den einstigen Nöten und Ängsten der armen Seelen, die auf dem Galgenberg zu Burglengenfeld hingerichtet wurden. Seit mehr als zweihundert Jahren hat der Galgen auf der Hinrichtungsstätte ausgedient, und die bröckelnden Mauern sind nur noch von einem Geflecht aus Sagen und Berichten über hochnotpeinliche Folterungen und Hinrichtungen von Räubern, Mördern, Strauchdieben und sonstigen Galgenvögeln umwoben.

Eine besondere Aufmerksamkeit findet noch heute die wahre und bezeugte Geschichte vom Prozess gegen den Jungfrauenmörder von Regendorf und seine Hinrichtung auf dem Galgenberg zu Burglengenfeld.

Es war im Jahre des Herrn 1809, also zur Zeit der napoleonischen Kriege, als sich ein gewisser Andrä Bücherl aus Regendorf vor dem

Mächtigen Landgericht auf dem Nordgau zu Burglengenfeld wegen seiner mörderischen Untaten zu verantworten hatte. Dieser Andrä Bücherl war zu Wetterfeld zur Welt gekommen, und sein Eheweib, eine geborene Ellmann, stammte aus Cham. Dieser Andrä Bücherl betrieb sein Unwesen als Mörder nicht über einen langen Zeitraum. Ihn erreichte das sühnende Schwert der Gerechtigkeit schon nach wenigen Jahren.

Dazu ist zudem der Umstand anzumerken, dass zu Anfang des 19. Jahrhunderts die Bürgerinnen und Bürger in Burglengenfeld, in Regendorf sowie in der Oberen Pfalz in Bayern (und hier genau im Herzog- und Fürstentum Pfalz-Neuburg) noch viele dem Aberglauben anhingen. Trotz aller Aufklärung glaubten sie fest an die Zauberei, an Hexen, an Truden, an Zaubergerätschaften, an Schadenszauber und an alchimistisch hergestellte Arzneimittel.

So meinten viele der Bewohner von Regendorf, dass der damals auf dem Berg ansässige Andrä Bücherl einen „Erzspiegel" besaß. In den späteren Gerichtsakten wurde der Spiegel auch fälschlicherweise als „Erdspiegel" bezeichnet. In diesem „Erzspiegel" könne ein Lediger, so hieß es, das Bildnis der zukünftigen Braut beziehungsweise des Hochzeiters erschauen.

Dieser Irrglaube war die Voraussetzung für das folgende tödliche Geschehen:

Ein neugieriges Mädchen aus dem Dorf Regendorf, eine gewisse Katharina Seidel, suchte über ihre beiden Schwestern Walpurga und Theresia Verbindung zu Andrä Bücherl. Bücherl ließ Katharina Seidel ausrichten, er habe ihr etwas ganz Wichtiges mitzuteilen. Als schließlich Katharina Seidel voller Neugier zu Bücherl eilte, sagte er ihr unter dem Siegel strengster Geheimhaltung, dass er für ihren Wissensdurst volles Verständnis habe. Er wolle ihr deshalb die Möglichkeit eröffnen, selbst in den zauberischen „Erzspiegel" zu schauen. Aber, so fügte Bücherl hinzu, der Zauberspiegel befinde sich nicht in Regendorf, sondern in der Stadt Burglengenfeld. Aber ihr zuliebe würde er sich den Spiegel von Burglengenfeld sogleich kommen lassen. Bis zum Eintreffen des Spiegels würde es jedoch einige Stunden dauern, bis Nachmittag. Es sei aber von Vorteil, so sprach Andrä Bücherl eindringlich zum vertrauensvoll blickenden Mädchen, wenn sie beim Blick in den „Erzspiegel" ihre schönsten Kleider tragen würde. Auch all ihren Schmuck wie Ringe, Halsketten und Armreife. Das Mädchen solle in der Lage sein, jeweils dreimal in anderer Kleidung in den Spiegel zu schauen. Denn erst beim dritten Mal, so der betrügerische Andrä Bücherl, würde der wundersame Zauberspiegel ein Abbild ihres künftigen Ehemanns zeigen.

Und es gebe eine weitere unabdingbare Voraussetzung, sagte der Bücherl Andrä: Sie dürfe niemanden und zu keiner Zeit etwas davon verraten, dass sie in den Zauberspiegel sehen wolle. Sollte sie gegen dieses Gebot verstoßen, dann würde der Zauberspiegel, wie jeder normale Spiegel, nur mehr ihr eigenes Abbild zeigen.

Katharina Seidel war schier außer sich vor Freude über die, wie sie meinte, guten Nachrichten und rannte nach Hause. Sie raffte dort hastig ihre schönsten und besten Kleider zusammen sowie all ihren Schmuck und lief mit dem Packen zurück zu dem Haus des Andrä Bücherl. Ihren Schwestern, die wissen wollten, wohin sie eile, rief sie nur zu, dies sei ein Geheimnis. Die Schwestern Walpurga und Theresia sahen Katharina niemals wieder.

Eine Nachbarin von den Seidel-Schwestern sagte später vor dem Landgericht zu Burglengenfeld aus, dass die Katharina mit einem großen Packen unter dem Arm in das Haus des übel beleumdeten Andrä Bücherl gegangen sei. Walpurga Seidel fragte auch bei dem Bücherl selbst nach, ob er wisse, wo denn ihre Schwester Katharina abgeblieben sei. Der aber gab lediglich die Auskunft, dass sie sich mit einem ihm unbekannten Mann zum Wirtshaus nach Zeitlarn aufgemacht habe.

Dies war eine gewaltige Lüge, wie sich bei einer Nachfrage im Zeitlarner Wirtshaus herausstellte. Es kam noch hinzu, dass die Ehefrau des Bücherl Andrä nur einige Tage nach dem Verschwinden von Katharina deren Kleider den Frauen und Mädchen aus der Umgebung zum Kauf anbot. Ihre Bedingung für den Verkauf war jedoch, dass man diese Kleider nur anziehen dürfe, wenn man nach Regensburg fahren oder gehen würde.

Als Theresia Seidel von diesen Verkäufen erfuhr, erfasste sie ein schlimmer Verdacht. Sie zeigte sofort das unerklärbare Verschwinden ihrer Schwester Katharina beim damals zuständigen Landgericht des Fürstentums Pfalz-Neuburg in Burglengenfeld an. Der amtierende Landrichter von Burglengenfeld, Johann Friedrich Kastenmaier, ließ auf diese Anzeige hin das Ehepaar Bücherl zur Untersuchung des Falles in die Fronfeste, also ins Gefängnis, nach Burglengenfeld verbringen. Bei der anschließenden Durchsuchung des Anwesens des Ehepaars Bücherl fand man in der Holzschupfe, unter Brennholz versteckt, einen halben weiblichen Körper. Unter einem Holzstoß unter einer Kalkgrube entdeckte man den bereits fauligen Kopf. Außerdem den Unterleib. Die Leiche war wohl mit einem Beil zerstückelt und zusätzlich vom Hals bis zur Brust mit einem Messer aufgeschlitzt worden. Eine nähere Untersuchung ergab, dass es sich bei den aufgefundenen Leichenteilen mit an Sicherheit grenzender Wahrscheinlichkeit um die Überreste der verschwundenen Katharina Seidel handelte.

Es folgte ein eindringliches Verhör mit dem der Mordtat höchstverdächtigen Andrä Bücherl. Verhöre beim Landgericht in Burglengenfeld galten damals als vorbildlich. Die Beschreibung des Verfahrens wurde an den juristischen Universitäten Bayerns gelehrt. Sie soll noch lange Zeit danach bei den juristischen Universitätskollegien in Landshut und in München aufgelegen haben.

Zu Anfang seiner Vernehmung hat Andrä Bücherl noch jede Anschuldigung oder Verdächtigung von sich gewiesen. Nach einigen Tagen brach er jedoch unter der zwingenden Last der Beweise zusammen. Er legte sodann folgendes Geständnis ab:

„Er habe dem arglosen Mädchen Katharina Seidel, nachdem sie mit ihren Kleidern und ihrem Schmuck zu ihm gekommen sei, ihr die Augen verbunden und habe ihr dann auch ihre Hände auf den Rücken geschnürt. Er habe ihr dabei gesagt, das wäre notwendig, weil nur dann der wundersame Erzspiegel den erhofften Dienst erfüllen könne. So zu einer jeglichen Gegenwehr unfähig gemacht, schnitt der Unhold mit einem scharf geschliffenen Messer dem Mädchen die Kehle mit einem Schnitt durch."

Ferner erzählte der Andrä Bücherl dem entsetzten Landrichter, dass das Mädchen nach dem mörderischen Schnitt lediglich noch einen „Luftschnapper" gemacht habe und anschließend in sich zusammengesunken sei. Als sie dann heftig blutend auf den Boden gelegen habe, erfasste Bücherl nach seinem eigenen Bekunden die Begierde zu sehen, wie ein Mensch inwendig beschaffen sei. Weiter sagte der Unhold, dass er ihr deswegen den Leib aufgeschnitten und aus diesem dann die Gedärme herausgenommen habe. Es sei nicht mehr Zeit verstrichen wie für das Beten eines Rosenkranzgesetzels, bis er den Körper des Mädchens fachgerecht wie ein Metzger verrichtet gehabt habe. Dann habe er dem Leichnam mit einem Beil die Füße bei den Knien abgehackt und diese zwischen die Schenkel geschoben. Es folgte die Trennung von Ober- und Unterleib. Die Teile habe er jeweils in ein Stück der Kleider des ermordeten Mädchens gewickelt. Zuletzt gestand der Mörder dem fassungslosen Landrichter und seinen Beamten, dass er beim Zerlegen der Leichenteile begierig gewesen sei, sich von den Leichenteilen ein Stück herauszuschneiden, um es zu braten und zu verzehren. Das habe er aber dann doch nicht getan.

Als Sonderheit berichtete Andrä Bücherl abschließend, dass bereits einen Tag vor der Ermordung des Mädchens „Einer" vor ihm gestanden sei, der ihm immer wieder zugerufen habe: „Tu es, tu es, du bekommst doch viele schöne Kleider!"

Unerwartet beschwor der Mörder Andrä Bücherl bei Gott und bei allen Heiligen, sein Eheweib habe von all seinen Untaten nichts, aber auch gar nichts gewusst. Sie sei deshalb völlig unschuldig. Bei dieser Aussage beharrte er bis zu seiner Hinrichtung. Deswegen blieb die

Ehefrau von Andrä Bücherl trotz schwerster Bedenken wohl straffrei. Jedenfalls liegen keine anderen Berichte dazu vor.

Dem Ganzen muss man noch hinzufügen, dass im Laufe der strengen Verhöre Bücherl noch einen weiteren, bereits zwei Jahre zurückliegenden Mord an der Kellnerin Barbara Reisinger zu Loisenrieth gestanden hat. Auch dieser Mord floss in die Urteilsfindung mit ein.

Das den Mordprozess gegen Andrä Bücherl abschließende Urteil des Appellationsgerichtes vom 4. Februar 1809 lautete wie folgt:

„Andrä Bücherl, wohnhaft zu Regendorf, ist auf die Richtstatt zu Burglengenfeld zu schleifen und ohne vorher gehende Schädigung von unten auf lebendig zu rädern (Zerschlagung der Knochen im Leibe) und dann auf das Rad zu binden!"

Nachdem die Untersuchungsakten zur Überprüfung zum Königlichen Appellationsgericht des Oberdonau- und Altmühlkreises eingesandt worden waren, wurde dort das Todesurteil wie folgt abgemildert: „Andrä Bücherl zu Regendorf sei eines zweifachen Mordes schuldig und sei mit dem Schwerte hinzurichten." – Wie es schließlich auch geschah.

Von alten Leuten wurde immer wieder erzählt, dass in dem unheimlichen, stürmischen Raunächten des Jahreskreises all die armen Seelen, die dort einst im Namen der irdischen Gerechtigkeit ihr Leben verloren haben, die Umfassungsmauern des Galgens zu Lengfeld in langen Prozessionen umwandeln sollen. Wegen ihrer Untaten finden sie in ihren Gräbern bis zum Jüngsten Tag keine Ruhe.

Auszug aus den Protokollen der mörderischen Prozessgeschichte des „Mächtigen Landgerichts auf dem Nordgau" zu Burglengenfeld

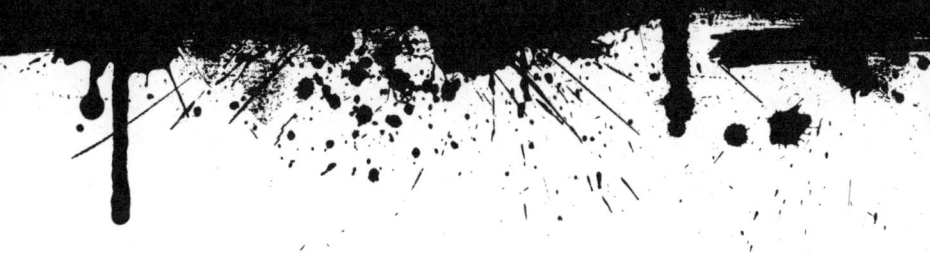

DIE AUTORINNEN UND AUTOREN

Hilde Artmeier

studierte Biologie an der Universität Regensburg und arbeitete viele Jahre u. a. in der Pharmaindustrie und als selbstständige Übersetzerin. Heute lebt die Mutter zweier erwachsener Kinder abwechselnd in Regensburg und Karlsruhe, wo sie als Lektorin und freie Schriftstellerin tätig ist. 2004 erschien ihr Debütroman „Drachenfrau", acht weitere Kriminalromane folgten, zuletzt „Donauherz" (Emons, 2018). Zusammen mit ihrem Ehemann Wolfgang Burger schreibt Hilde Artmeier auch Action-Thriller, 2019 erscheint bei Knaur mit „Gleißender Tod" ihr erstes gemeinsames Werk. www.burger-artmeier.com

Bettina Auer

geb. 1992, lebt in Wörth an der Donau. Sie hält sich meistens im Bereich der Fantasy auf und hat bereits zahlreiche Romane veröffentlicht.

Marie-Anne Ernst

hat Vor- und Frühgeschichte und Volkskunde studiert. Sie lebt mit ihrer Familie im Bayerischen Wald und hat bisher im Eigenverlag eine Kinderbuchreihe um die Zahnfee Apollonia veröffentlicht. Sie ist Gastautorin beim Schriftstellerverband Ostbayern und hat bereits eine Geschichte zu „Phantastisches Ostbayern" (Anthologie des VS-Ostbayern) beigetragen.

Bernhard Falk
wurde 1966 in Schwarzach bei Bogen geboren. Nach dem Abitur studierte er Schulmusik für das Lehramt an Gymnasien und Diplomchorleitung bei Prof. Max Frey und Kreuzkantor Roderich Kreile an der Musikhochschule München. Seit mehr als zwanzig Jahren arbeitet er als Musiklehrer in Niederbayern. Daneben leitet er mehrere Vokalensembles und ist als Sänger in unterschiedlichen Formationen und Stilen aktiv. Die Kurzgeschichte „Riders on the storm" ist sein literarisches Debut.

Guido Frei
wurde in der Schweiz geboren. Er studierte Ethnologie und übte verschiedenste Berufe aus. Seit 1995 wohnhaft in Regensburg. In seinen Geschichten (Krimis, Kurzkrimis, Prosa) spielen die Interessenskonflikte im Alltag, der Politik und Gesellschaft eine zentrale Rolle.

Colin Goldner
ist klinischer Psychologe und war als solcher jahrelang in der Gerontopsychiatrie tätig. Er ist Autor zahlreicher Fachbücher. Seit 2011 kümmert er sich bevorzugt um in Zoos gefangengehaltene Menschenaffen. Seine Studie „Lebenslänglich hinter Gittern" (2014) belegte bei der Wahl zum „Wissenbuch des Jahres" den 2. Platz. www.greatapeproject.de

Wolfgang Hammer
(Pseudonym Wolf Hamm) ist in Altbayern geboren. Nach vielen Jahren in Norddeutschland lebt er nun in Mitterfels und schreibt Kriminalfälle mit Kriminalkommissar a. D. Grantinger. Außerdem verfasst er merkwürdige und groteske Romane und Geschichten wie „Wolfswelten oder Hitlers Sohn und ich" u. a. www.wolfhamm1.de

Elfi Hartenstein
lebt seit Ende 1989 als freiberufliche Autorin und Übersetzerin in Regensburg mit Abstechern als DaF-Dozentin nach Moldawien, Rumänien, die Ukraine, Kasachstan und Kirgisien. Sie schreibt Prosa und gemeinsam mit „Tatort"- und „Schimanski"-Autor Horst Vocks Krimis: die 2017 als e-book erschienene Romanfolge „Ausstieg", „Glücksspieler" und „Gefährliche Erben" um Ex-Kriminalhauptkommissar und Schlichter Lou Feldmann.

Karin Holz

lebt in Donaustauf bei Regensburg. Sie schreibt Kriminalromane, Lyrik, Erzählungen, Anthologiebeiträge und ist eine Hörbuchstimme beim Lohrbär Verlag. Die Autorin ist außerdem Mitbegründerin des Regensburger Literaturbrettls und Mitglied beim Schriftstellerverband Ostbayern.

Gabriele Kiesl

lebt als freie Autorin in der Oberpfalz. Sie schreibt Bücher, Drehbücher und Theaterstücke für Kinder und Erwachsene. Neben ihrer freiberuflichen Tätigkeit ist sie Produzentin, Regisseurin, Dozentin für Kreatives Schreiben und Eventmanagerin der Veranstaltungsreihe „Tintenfassl". *www.kiesl-gabriele.de*

Julia Kathrin Knoll

geboren 1980 in München, hat in Regensburg Germanistik, Italianistik und Pädagogik studiert und arbeitet derzeit im musealen Bereich. Sie schreibt hauptsächlich Jugendbücher in den Genres Romance und Fantasy.
Weitere Informationen unter: *www.julia-kathrin-knoll.de*

Karen Königsberger

geboren 1973, promovierte Historikerin, lebt und arbeitet in Landshut. Veröffentlichungen im Bereich Zeitgeschichte und Unterrichtsdidaktik. Entdeckte mit verschiedenen Kurzkrimis ihre „belletristische Ader" und arbeitet zur Zeit an einer Kurzgeschichtensammlung zur deutschen Nachkriegsgeschichte.

Angela Kreuz

wurde 1969 in Ingolstadt geboren und hat in Konstanz am Bodensee Psychologie und Philosophie studiert. Sie ist seit 2001 in Regensburg fest verwurzelt und schreibt Romane, Kurzgeschichten und Gedichte. 2012 wurde sie für ihre vielfältigen literarischen Projekte mit dem Kulturförderpreis der Stadt Regensburg ausgezeichnet. 2017 erschien ihr Roman „Straßenbahnträumer" im MZ-Verlag und 2018 „Das surrealistische Büro. Kein Roman" im Schrägverlag. *www.angelakreuz.de*

Carola Kupfer

schreibt historische Romane und Ratgeber und ist auch als Ghostwriter und Journalistin tätig. Sie unterstützt deutschlandweit Schulklassen beim Verfassen und Publizieren von Schülerromanen und engagiert sich für Literaturfestivals. Beim

Gietl-Verlag erschienen der Roman „Der unglaubliche Zoffany" sowie der Stadtführer für Frauen „In Love with Regensburg". *www.carola-kupfer.com*

Gabriel Maier
wurde 1978 in Regensburg geboren, studierte dort an der Technischen Hochschule und lebt heute mit seiner Familie am Stadtrand. Er ist Mitglied im Schriftstellerverband Ostbayern und nimmt regelmäßig an Ausschreibungen teil. 2016 erreichte er beim Weltentor-Schreibwettbewerb in zwei Kategorien die vordersten Platzierungen. Mittlerweile wurde eine zweistellige Anzahl seiner Kurzgeschichten aus den Bereichen Horror, Fantasy, Science Fiction und Satire veröffentlicht.

Johann Georg Maierhofer
lebt und arbeitet seit 30 Jahren als Kalligraf und Autor in Regensburg. Als Kalligraf bietet er bundesweit Kurse an und als Autor veröffentlichte er in den letzten Jahren Kurzgeschichten im Karl-Rauch-Verlag und den Roman „Sonnengeschichten" im Dresdner Buchverlag. *www.schriftkunst.de*

Marita A. Panzer
lebt in Regensburg und Irland. Als Sachbuchautorin veröffentlichte sie zahlreiche historische Biografien (z. B. „Agnes Bernauer – Die ermordete Herzogin", 2007; zuletzt „Barbara Blomberg – Bürgerstochter, Kaisergeliebte und Heldenmutter, 2017). Hie und da macht sie mit Kurzgeschichten (z. B. in „Phantastisches Ostbayern", 2017) und ihren Minikrimis („vogelfrei und mausetot", 2018) Ausflüge in die Belletristik. *www.marita-panzer.de*

Thomas Schmid
geboren 1960 in Landshut, wollte als Kind entweder Stuntman oder Schriftsteller werden. Heute lebt und arbeitet er als freier Autor in Niederbayern und schreibt außer Kinder- und Jugendbüchern auch Radiogeschichten und Drehbücher. *www.thomas-schmid-autor.de*

Siegfried Schüller
ist in Nürnberg geboren und lebt in Mühlhausen a. d. Sulz/Oberpfalz. Zurzeit arbeitet er als Betreuer an einer Grund- und Mittelschule. Er schreibt vor allem Gedichte und Kurzgeschichten, die er in Anthologien sowie auf seiner Homepage

veröffentlicht. 2017 erschien sein Kurzgeschichtenband „Von Maulwürfen, Männern und anderen Tieren". *www.worte-gegen-den-wind.de*

Claudia Spelic
in Fulda/Hessen geboren, als moderne Nomadin berufsbedingt nach Jever im hohen Norden, via Göttingen und Köln nach Bayern, lebt und arbeitet seit 1988 in Regensburg. 1987 erschien ihr erstes Kinderbuch, es folgten redaktionelle Berichte in medizinischen Fachzeitschriften, Kurzgeschichten, Gedichte deren Grundtenor zwischen Melancholie und Ironie pendelt, Anthologien, Romane. 2017 erschien „Der Engel mit der Ukulele", ein tiefgreifend-ironisch, satirisch-sensibles Buch einer Pilgerreise. (Wolfstein-Verlag) *www.pinselart-und-feder-strich.de*

Martin Stauder
geboren 1958 in Göttingen, seit 1988 wohnhaft in Regensburg, veröffentlichte im Spielberg-Verlag Lyrik und den Erzählband „Aderriss". Neuerdings schreibt er gerne in den Genres Fantasy und Horror. 2016 wurde unter seiner Regie das Drehbuch „Mit dem Koffer auf Achse" verfilmt. *www.martinstauder.de*

Rolf Stemmle
Theater, seit einigen Jahren schreibt er auch Prosa und Lyrik. Zudem beschäftigt er sich mit klassischer Musik. Er verfasst Einführungsliteratur zu Opern und komponiert Kammermusik. 2017 erschien seine Erzählung „Der Teufel von Stockenfels" beim MZ-Buchverlag (Battenberg-Gietl-Verlag). *www.rolf-stemmle.de*

Thyra Thorn
kommt aus Rendsburg/Schleswig Holstein, hat in Berlin (MA Ethnologie) studiert und ist 1986 nach Regensburg gezogen. Sie arbeitet seit Jahrzehnten als bildende Künstlerin und freie Dozentin. Seit 2008 schreibt sie Kurzgeschichten, Romane und Gedichte.

Franz Joseph Vohburger
Dipl. Verwaltungswirth F.H., geb. 1942 in München, lebt heute in Burglengenfeld; Kastellan auf den Burgen Stockenfels, Lengenfeld, Hof am Regen; Autor von mehreren Festspielen, darunter die beliebte „Geisterwanderung zu Nittenau"; Veröffentlichungen zur Heimatgeschichte und Sagenwelt.

Erzählbände des Schriftstellerverbands Ostbayern
In dieser Reihe sind ebenfalls erschienen:

16.⁹⁰ €

16.⁹⁰ €

Dreizehn schaurige Geschichten laden ein in die Welt der übernatürlichen Wesen und unerklärlichen Ereignisse. Da regt sich Unheimliches in Parkanlagen und Villen. Geister bevölkern Brücken und Tiefgaragen. Gruselige Wesen quälen Schäfer, Finanzbeamte, Versicherungsverkäufer und Studenten. Nirgends kann man sich sicher fühlen, denn losgelassen sind Hexen, Teufel und andere höllische Gestalten.

In diesem Buch entführen uns 23 Märchen, Fantasy- und Science-Fiction-Geschichten zu Elfen und Einhörnern, zu Schrazen und Schlossgespenstern, zu Zwergen, Zaubersteinen und Hexenglas; rote und schwarze Drachen kämpfen um die Macht; wir erfahren von Schatzhöhlen und zauberischen Gewässern – und alles geschieht und geschah hier, gleich neben uns in den Wäldern, Städten, Landschaften, Flüssen und Burgen Ostbayerns.

2. unveränderte Auflage 2017,
Format 13,5 x 20,5 cm, 168 Seiten,
mit zahlreichen s/w-Abbildungen, Hardcover
ISBN 978-3-86646-761-3

1. unveränderte Auflage 2017,
Format 13,5 x 20,5 cm, 216 Seiten,
mit zahlreichen s/w-Illustrationen von Isolde
von Reusner, Hardcover
ISBN 978-3-86646-787-3

Heimat
battenberg
gietl verlag

Pfälzer Straße 11 | 93128 Regenstauf
Tel. 0 94 02 / 93 37-0 | Fax 0 94 02 / 93 37-24
E-Mail: info@battenberg-gietl.de | www.battenberg-gietl.de

 Besuchen Sie uns auf Facebook:
www.facebook.com/BattenbergGietlHeimat